AF452355

ABAILLARD,
ET
HÉLOÏSE,
TRAGÉDIE
EN CINQ ACTE ET EN VERS.

Le prix est de 30 sols.

A LA HAYE,

Et se trouve à P A R I S,

Chez TABARIE, Libraire, rue de la Harpe, à côté
du College de Bayeux.

M. DCC. LXVIII.

A MADAME

L. P. C.

M ADAME;

Je conçois qu'un Ouvrage de moralité auroit été un hommage plus digne de vous être offert ; mais j'avoue que la Nature m'a refusé ses faveurs pour en composer un.

J'avois l'honneur d'être chez vous à la campagne , lorsque je formai le projet d'amuser mes loisirs du matin , traitant un sujet qui m'étoit depuis long-temps connu & qui m'intéressoit. Je ne me croyois pas le courage de conduire l'Ouvrage jusqu'à sa fin, & je redoutois la dignité du Cothurne, dont la chaussure me paroissoit gênante. J'y trouvai cependant plus de facilité que je ne m'en étois promis à moi-même, & quelques semaines de rêveries ont suffi pour me conduire à mon terme. Votre esprit s'étend à tout & se communique. Quelqu'émanation de sa substance immatérielle m'aura peut-être éclairé, & je le desire. En tout cas je m'en fais un nouveau titre de reconnaissance pour m'autoriser à publier le profond respect avec lequel je suis,

MADAME,

Votre, &c.

BIEN des gens se sont imaginé que pour être véritablement un héros & pour fournir le sujet d'une Tragédie, il falloit avoir rendu à la Nature en mourant, tout ce qu'on avoit reçu d'elle en naissant ; mais ce sistême est véritablement erroné. Les grands hommes qu'on célébre, loin d'être moins recommandables lorsqu'ils ont perdu un bras, une jambe, ou tout autre membre à l'armée, n'en ont que plus de mérite & de gloire. Annibal, Horace & quantité d'autres étoient des Héros mutilés, & leur difformité quoi qu'apparente n'a point déparé le Théâtre. Abaillard se trouve encore dans un cas plus favorable. Il fut un Héros en amour, & il n'eut point à rougir des blessures glorieuses qu'une noire trahison lui fit éprouver dans les champs de Cythère. Les hommes de son temps plaignirent son infortune, & les femmes plus tendres la pleurerent. Il étoit si connu & si aimé que la Religion seule empêcha de renouveller en sa faveur les Fêtes d'Adonis. Il n'est point encore aujourd'hui d'ame sensible qui ne s'attendrisse au recit de ses malheurs. On gémit avec Héloïse, & l'on admire sa

flamme purement fpiritualifée. Le fentiment
& l'efprit femblent la dédommager de la
perte qu'elle a faite du côté des fens, aux-
quels elle paroiffoit foiblement attachée.
Elle étoit toute ame & on la retrouve toute
entiere. Ses regrets tournent au profit de la
Religion, & après avoir été un modèle
d'amour, elle en devint un de vertu & d'é-
dification.

J'ai toujours été étonné qu'un fujet auffi
intéreffant, quoiqu'appuyé fur un fimple
pivot, n'ait pas reveillé l'attention de nos
grands Auteurs, & qu'ils n'ayent pas cherché à en rechauffer la peinture par les charmes de l'Art Dramatique. Le tableau bien
prononcé auroit excité la fenfibilité des
deux fexes. La Piéce artiftement voilée,
auroit ofé fe montrer en public fans allar-
mer la fufceptibilité de nos Dames, dont
un mafque nous dérobe la rougeur. Le
Parterre & quelqu'Acteur connu, auroient
eu la complaifance de fe préter à une il-
lufion momentanée, & ils auroient joui du
plaifir de voir couler des larmes honora-
bles à l'Humanité.

Le Drame auroit pu également fe pro-
duire dans les fociétés où l'on trouve affez

communément des sujets propres à repré-
senter les Héros blessés.

Enfin, la matiere bien traitée auroit in-
téressé le cœur en amusant l'esprit, &
c'est l'objet qu'on doit se proposer au
Théâtre.

Je n'ai point l'honneur d'être Auteur, &
je n'ai jamais eu la témérité de croire que
j'ornerois mon sujet du coloris tendre &
patéthique qui peut lui conférer le don de
plaire. J'ai senti simplement qu'Abaillard
me touchoit. J'ai déploré ses malheurs, &
j'ai pensé qu'il seroit triste de les éprouver,
dût-on en être dédommagé par son savoir
& son esprit. Sa position funeste m'a fait
rassembler des idées que j'ai successivement
ramassées dans les champs, dans les rues,
dans le lit, dans des voitures, dans les divers
appartements où je me suis trouvé souvent
même en jouant, & dans les moments où
les autres ne font rien, & ne pensent à rien.
Cet assemblage a formé un corps peut-être
maléficié que j'ose présenter comme un
essai à ceux qui me priment dans le desir &
dans le talent d'exposer sur la Scene des
peintures touchantes & agréables. Pour moi,
je n'en ai ni le temps, ni l'art, ni la vo-

lonté, je me borne donc humblement à la modeste qualité d'indicateur. Si quelqu'un se distingue en traitant le même sujet, j'aurai porté la lanterne devant lui. Si, au contraire, un autre ne réussit pas mieux que moi, je n'aurai fait que la fonction du chien & du bâton qui conduisent un aveugle.

Adieu.

SUJET.

ABAILLARD étoit originaire de Bretagne, & il étoit d'une noblesse distinguée. M. d'Argentré dans son Histoire de Bretagne l'appelle un noble Chevalier.

Il vint au monde en 1079. sous le regne de Philippes I. & le Pontificat de Gregoire VII. Il reçut au baptême le nom de Pierre.

Il montra dès sa jeunesse un génie distingué pour les Sciences. Il apprit la Dialectique sous Roscelin.

Ses Maîtres ne pouvant plus lui rien montrer en Bretagne, il céda son droit d'aînesse à son frere cadet, & renonçant au surplus de ses biens, il abandonna sa Patrie pour juger du mérite des Philosophes qui enseignoient en différentes Provinces. Peu satisfait de leurs talents, il vint s'établir à Paris.

Guillaume de Champeaux y avoit acquis de la réputation. Abaillard le choisit pour son Maître, & il se rendit assidu à ses Leçons. Il trouva même la facilité de se mettre en pension chez lui, la jalousie se glissa entr'eux, & Champeaux lui rendit de mauvais offices.

Ils se séparérent, & Abaillard se crut assez fort pour aller enseigner publiquement à Melun. Il voulut même y ériger une École de Philosophie, mais Champeaux le traversa, & ce ne fut que par l'effort de ſes Protecteurs qu'il parvint à s'y fixer. D'heureux commencemens lui enflérent le cœur. Il attaqua ſon Maître à forces ouvertes , & vint s'établir à Corbeil.

La guerre ſe déclara entre les Ecoliers des deux partis, & ceux d'Abaillard parurent avoir l'avantage.

Une maladie l'obligea de retourner en Bretagne, après ſa guériſon, il revint à Paris âgé de 28 ans, & il ſe livra à l'étude de la Rhétorique que Champeaux enſeignoit ; mais ils ne furent pas long-tems ſans ſe brouiller pour la ſeconde fois , à l'occaſion des univerſaux dont on avoit alors la foibleſſe de s'occuper ſérieuſement.

Abaillard parvint à enſeigner publiquement à Paris. Son ſavoir & ſa réputation lui attirérent une foule nombreuſe d'auditeurs, dont il tiroit une grande utilité, & il fut pourvû d'un Canonicat de la Métropole.

La haine de Champeaux ſe réveilla, & Abaillard par des raiſons de famille fut invité à retourner dans ſa patrie. Il trouva à ſon retour que ſon adverſaire qui avoit embraſſé la vie Monaſtique à Saint Victor , venoit d'être pourvû de l'Evêché de Châlons-ſur-Marne.

Abaillard ſe détermina alors à aller étudier la Philoſophie ſous Anſelme , qui l'enſeignoit à Laon, où il étoit Chanoine & Doyen.

Il fut peu content de ce nouveau Profeſſeur, qui chercha des ſujets d'indiſpoſition contre lui. Ce mécontement n'empêcha pas Abaillard d'enſeigner lui-même la Théologie à Laon.

Ses succès déterminérent Anselme à le faire chasser de la Ville. Il céda à la nécessité & revint s'établir à Paris.

Il y avoit déjà quatre ou cinq ans qu'il y recueilloit des applaudissemeuts, lorsqu'il apprit qu'il y avoit dans la même Ville un prodige d'agrémens & d'esprit.

C'étoit Héloïse, dont la beauté égaloit les talents. Elle étoit alors âgée de dix-sept ou dix-huit ans, son génie étoit élevé & propre à tous les genres de sciences. Non contente de le borner à la connoissance de sa langue, comme les filles ordinaires, elle avoit appris le Latin, le Grec, l'Hébreu, & faisoit de grands progrès dans la Philosophie, les Mathématiques & l'étude des Saintes Lettres. Elle étoit nièce d'un Chanoine de la Cathédrale, nommé Fulbert, qui avoit été Aumônier du Roi Henri Premier.

Fulbert chérissoit tendrement cette nièce, qui faisoit ses délices. Elle avoit perdu ses pere & mere & il lui en avoit tenu lieu depuis sa plus tendre jeunesse. Il voulut en faire l'Oracle de son siécle & l'honneur de sa famille. Héloïse pouvoit aspirer aux plus grands partis. Outre les qualités personnelles, elle jouissoit des avantages de la plus haute naissance, elle étoit de l'illustre Maison de Montmorency, suivant M. d'Amboise dans sa Préface Apologétique, & suivant Moreri. Il y a pourtant lieu de croire qu'elle ne descendoit pas de la Branche aînée.

Abaillard eut occasion de lier connoissance avec cette fille admirable. Il en fut charmé, & bien-tôt elle lui inspira la passion la plus forte.

Héloïfe, de fon côté, ne fut pas infenfible au mérite de ce grand homme, il étoit dans la fleur de fon âge, beau, bienfait ; il avoit l'air doux, des manieres engageantes, la voix belle. Il parloit bien, chantoit à merveille, & compofoit avec facilité des vers badins & élégants pour le temps.

Tant de rapports formerent entr'eux une chaîne malheureufe qu'il ne leur fut plus poffible de rompre. Elle leur coûta la liberté & la réputation.

Abaillard exprima fa tendreffe par des lettres & des vers tendres, où l'on voyoit briller l'efprit & la délicateffe. Il compofa auffi d'agréables chanfons, & on le foupçonna, quoique mal-à-propos, d'avoir compofé le Roman de la Rofe en faveur de la beauté qui le captivoit.

Un commerce de lettres & de vifites leur parut gênant & expofé au foupçon. Pour fe délivrer de cette contrainte, ils firent agir des amis communs ; qui déterminerent Fulbert à le prendre en penfion chez lui, fous la condition que fes moments de loifir feroient employés à cultiver l'efprit d'Héloïfe.

Fulbert livra à ce nouveau Maître une confiance fans referve, & il lui donna même le pouvoir de corriger fa nièce, fi elle fe négligeoit dans fes études. Cette imprudence leur coûta cher. La familiarité s'établit entr'eux, & elle fut bien-tôt fuivie de l'union intime de leurs cœurs.

Les difciples du Profeffeur furent les premiers à s'en appercevoir. Sa négligence dans l'étude & dans fes explications firent rechercher la caufe de ce relâchement. L'on compofa à ce fujet des chanfons fatyriques, & Fulbert fut le dernier à s'appercevoir de l'intrigue.

Dès que fes yeux furent deffillés, il jetta feu & flamme. Il fe fit à lui-même mille reproches, & voulut fe porter aux extrémités de la vengeance; mais fa tendreffe pour Héloïfe combattoit fon reffentiment.

Il prit cependant le parti de l'interroger en particulier; mais elle ufa de diffimulation, & chercha par des raifons fpécieufes à juftifier Abaillard; alors le Chanoine irrité de fes réticences chaffa honteufement Abaillard de fa Maifon, après l'avoir accablé d'injures.

Le Profeffeur chargé de confufion interrompit fes leçons, & par l'entremife de fes amis & de fes écoliers, il fit paffer dans le monde Fulbert pour un vifionnaire, dont la jaloufie s'allarmoit mal-à-propos.

Ces difcours firent naître l'incertitude, & Abaillard reprit fes exercices; mais il y étoit à peine rentré, qu'il reçut une lettre par laquelle Héloïfe lui donnoit avis qu'elle étoit groffe, & le confultoit fur ce qu'ils avoient à faire.

Cet événement ne les affligea ni l'un ni l'autre. Mais il fallut prendre des mefures. On convint d'attendre à un certain jour où Fulbert devoit aller à la campagne. Abaillard fe chargea d'enlever pendant la nuit la Maitreffe déguifée en Religieufe, & de la conduire en Bretagne chez fa fœur, où elle feroit fes couches, fans être expofée à l'indignation de fon oncle. Cet arrangement s'exécuta avec le fuccès qu'on en avoit efpéré.

Fulbert de retour de fon voyage fut irrité de ne la plus retrouver. Il entra en fureur & menaça de poignarder Abaillard. Bien-tôt un combat entre fa rage & fa tendrefle lui firent perdre le repos & l'appétit. Une fombre mélancolie s'empara de lui. Il faifoit réellement compaffion, & n'avoit jamais mieux fenti l'excès de fon affection pour une Nièce qui lui manquoit à chaque inftant.

Héloïfe eut un fils qu'elle nomma *Aftralabe*, ce qui veut dire *Aftre brillant*. Fulbert en fut irrité, & voulut venger fon affront par une pourfuite criminelle en Juftice.

Abaillard chercha à le défarmer par tout ce que l'efprit & l'éloquence pouvoient fournir de plus infinuant. Il rappella tous les maux que l'amour avoit occafionnés par l'effort d'un fentiment naturel. Il cita tous les héros dont il s'étoit rendu le vainqueur, & il offrit de fatisfaire Fulbert par un mariage fecret.

Le Chanoine fe radoucit. Abaillard n'étoit point engagé dans les Ordres, il jouiffoit d'un gros revenu ; ainfi fa propofition fut acceptée avec joie. Fulbert en préfence de plufieurs de fes parents parut fe réconcilier avec lui, l'embraffa tendrement, & lui jura une amitié éternelle.

Abaillard, lié par fa promeffe, fe détermina à aller chercher la future Époufe en Bretagne, efpérant lui porter des nouvelles agréables. Son honneur étoit réparé , & elle rentroit en grace avec sa famille. Mais quelle fut sa surprise, lorsqu'il la vit employer tout ce qu'elle avoit d'esprit pour le dissuader de ce mariage. Elle lui en exagera les suites, les inconvéniens, & le combatit par les raisons les plus fortes.

Abaillard persista obstinément , & elle céda par complaisance. Ils se rendirent secretement dans une Eglise , accompagnés de quelques amis affidés à l'issue des Matines, & ils y reçurent la Bénédiction Nuptiale.

Héloïse retourna chez son oncle , & Abaillard, sans changer d'habillement ni de façon de vivre, reprit ses Exercices. Ils eurent meme l'attention de se voir rarement & avec de grands ménagements.

Mais Fulbert, malgré sa promesse , eut l'indiscrétion de divulguer par tout le mariage. Héloïse en reçut de toutes parts des complimens, & elle le défavoua avec hauteur. Fulbert piqué de la négative la maltraita avec un excès indigne d'un homme de son caractère. Elle s'en plaignit amèrement à son Epoux , & celui-ci résolut de la tirer , à quelque prix que ce fut , des mains d'un barbare.

Il y réussit, & la conduisit au Monastere des Religieuses Bénédictines d'Argenteuil , où elle prit l'Habit. Il alloit la visiter de temps en temps avec un grand mystere ; Fulbert & ses parens ignoroient le lieu de sa retraite.

Mais le secret transpira , Fulbert crut qu'Abaillard vouloit la faire Religieuse pour se soustraire à l'engagement qu'il avoit pris. Il affocia fes parents à fon reffentiment, & trouvant la voie des Tribunaux trop lente, ils refolurent de fe faire juftice par leurs propres mains, & de punir conjointement les deux Epoux par l'endroit même qui les avoit defhonorés.

Les moyens paroiffoient difficiles. Abaillard étoit fur fes gardes & bien appuyé. Mais un des parents dit à la compagnie affemblée, qu'il n'étoit pas impoffible de le furprendre la nuit dans fon lit, qu'il connoiffoit fon valet, dont le pays feul lui donnoit de flatteufes efpérances, & qu'il efpéroit pour quelqu'argent l'engager à faire tout ce qu'on exigeroit de lui.

Cet avis fut goûté. On chargea celui qui l'avoit donné, de traiter avec le valet & de ne rien épargner; mais fans beaucoup de follicitations ni d'offres, le traître livra fon Maître pour une fomme modique.

Les affaffins, au nombre de cinq, fe trouverent fur le minuit à la porte d'Abaillard que le valet leur ouvrit. Il les introduifit dans fa chambre, dont il avoit les clés. Quatre des plus robuftes fe faifirent de lui, lorfqu'il étoit encore dans fon premier fommeil, & le cinquiéme s'armant d'un razoir lui fit le dernier des outrages,

Unoque fub ictu,
Suftulit officium patris nomenque mariti.

Tandis que le valet un flambeau à la main, affectoit de leur demander à qui ils en vouloient.

Après

Après leur expédition ils laisserent le malheureux Abaillard baigné dans son sang, & prirent la fuite ; mais les voisins effrayés du bruit & des cris du patient accoururent au secours.

On s'empressa de le faire soulager ; & la Justice informée de l'attentat se transporta chez lui où elle apprit le nom des auteurs du crime. On envoya de tout côtés pour les arrêter.

Dès la pointe du jour cette triste nouvelle fut répandue dans Paris, & une multitude de monde s'empressa de venir prendre part à la douleur d'Abaillard.

La Cour, la Ville & ses Ecoliers témoignerent par des gémissemens leur sensibilité à cet outrage ; & l'on ne connut jamais mieux combien il étoit estimé & chéri dans Paris. Le Pere de la Patrie n'eut pas fait plus de sensation.

L'Evêque & son Clergé s'employerent à lui faire rendre justice. Fulbert décreté de prise-de-corps, fut dépouillé de son Bénéfice, & les biens furent confisqués au profit de l'Eglise.

On ne put arrêter que deux des coupables, du nombre desquels étoit le valet. Ils furent condamnés à la peine du Talion & à perdre les yeux. Un tel châtiment seroit aujourd'hui au-dessous du crime qu'on puniroit de mort.

Enfin tous les Ordres de la Ville & les Dames principalement verserent des larmes sur la disgrace d'un homme aussi recommandable qu'aimé.

Une insulte aussi publique lui fit prendre la résolution d'aller s'ensevelir dans un Cloître.

Héloïfe à cette nouvelle fut accablée d'une douleur exceffive. Abaillard lui perfuada de fe faire
Religieufe , & il entra lui - même dans l'Abbaye de
Saint Denis ; mais il differa d'y faire fes Vœux, jufqu'à ce qu'Héloïfe eut prononcé les fiens, & cette
défiance la mortifia. Cependant elle les prononça
avec un courage héroïque , & quelques jours après
fon Amant fit également les fiens.

Dans la fuite il fut fait Abbé de St. Gildas , & elle
paffa d'Argenteuil au Paraclet , dont il lui fit dona-
tion. Cette Maifon devint floriffante , & ce nouveau
Monaftere s'accrédita de plus en plus fous le gouver-
nement d'Héloïfe , éclairée par les confeils d'Abaillard.

Après un grand nombre de traverfes & de fuccès,
il mourut dans le Prieuré de Saint Marcel prés Clu-
gny le 21 Avril 1142. âgé de 63 ans. Héloïfe re-
demanda fon corps , qui fut rapporté au Paraclet ,
où elle établit la plus grande aufterité.

Elle y mourut dans la pratique des plus hautes
vertus le 17 Mai 1164. & elle fut inhumée dans le
tombeau d'Abaillard pour n'être jamais féparée de
lui.

Abaillard étoit un homme rare , & Héloïfe fut
une fille extraordinaire. Les Lettres tendres qui nous
reftent d'eux, font encore le fujet de l'admiration des
gens de goût.

Telle eft la vérité de l'Hiftoire. La rigueur du
Poëme Dramatique a néceffité quelques changemens;
mais ils font legers.

ABAILLARD,
ET HÉLOISE,
TRAGEDIE.

PERSONNAGES.

FULBERT, *Chanoine de Paris.*

CONRADE, *Neveu de Fulbert.*

HÉLOISE, *Nièce de Fulbert.*

ABAILLARD, *Chanoine.*

FRÉDÉRIC, *Valet d'Abaillard.*

RANULPHE, *Valet de Fulbert,*

ALBERT, *Gentilhomme, ami de Fulbert.*

*La Scène est dans un Appartement de la maison
de Fulbert, à Paris.*

ABAILLARD,
ET HÉLOISE,
TRAGÉDIE.

ACTE PREMIER.

SCENE PREMIERE.
CONRADE, FULBERT.
CONRADE.

NE vous obstinez point dans votre aveuglement
Fulbert, & croyez-en à mon pressentiment,
Abaillard en secret brûle pour Héloïse,
Et de ce Maître adroit votre nièce est éprise.
Observez leurs regards, consultez leurs discours ;
L'habitude qu'ils ont de se voir tous les jours,
Augmente dans leur cœur la flâme clandestine,
Dont la coupable ardeur les agite & les mine.

B iij

FULBERT.

Pouvez-vous fufpecter le zèle d'un ami ,
Dans l'amour des vertus chaque jour affermi ?
Libre de paffions , à la Philofophie
Il confacre fon goût , fes travaux & fa vie.
On l'admire , on le fuit , & de tous les pays ,
Pour prendre fes leçons on abonde à Paris ;
Au defir de s'inftruire Héloïfe affervie ,
Echauffe fon efprit au feu d'un tel génie ;
Et je ne puis penfer qu'un dangereux poifon ,
Dans le fein de l'étude égare leur raifon.

CONRADE.

L'amour fur tous les cœurs exerce fon empire ;
Il n'eft aucun état où l'homme ne tranfpire ;
Les livres , la retraite & les autres combats
Contraignent le defir & ne le domptent pas.
Héloïfe eft favante , elle eft belle , elle eft fage ;
Mais la fageffe peut s'endormir à fon âge ,
Et quand on fe réveille , on voit qu'il n'eft plus tems
D'oppofer la raifon à l'empire des fens.
On fe livre à l'amour avant de le connaître ,
C'eft l'Amant qu'on écoute en écoutant le Maître.
Des qu'un objet nous plaît on croit tout ce qu'il dit ,
Et l'amour va fouvent au-delà de l'efprit.
Abaillard eft armé des traits de l'éloquence ,
Son ton infinuant a de la véhemence ,
C'en eft trop pour féduire une beauté fans art ;
L'efprit contre l'amour n'eft qu'un foible rempart ;
La nature a des droits plus forts que la fcience ,
Et le temps feul prefcrit contre fon influence.

FULBERT.

L'eftime & l'amitié nous ont lié tous deux ,
Sa vertu lui défend d'en profaner les nœuds ,

Son cœur est trop sensible à la reconnaissance
Pour qu'il ose jamais trahir ma confiance ;
Un mérite éclatant lui fait des envieux,
Il n'en est que plus cher, plus à plaindre à mes yeux,
Et je le plongerois dans la derniere peine,
Si de ses ennemis je secondois la haine.
Je vois sa gloire en proie à des demi-savants,
Troupeau vil & rampant de monstres dévorants,
Dont l'ignorance aveugle unit la phrénesie
Aux traits de la fureur & de la calomnie.
Il a mille jaloux sans avoir de rivaux,
Et n'a que des tourments pour prix de ses travaux ;
De vils déclamateurs indignés de sa gloire
Ont ourdi contre lui la trame la plus noire,
Dois-je m'associer à ces esprits fougueux
Qui mettent leur bonheur à faire un malheureux?

CONRADE.

Non, vous ne devez pas épouser leur vengeance ;
Mais sans faire d'éclat, il faut avec prudence
Veiller avec ferveur, prévenir avec soin
Le progrès d'un amour qui peut aller trop loin.
Vous sçavez comme nous qu'Héloïse est sensible,
D'un tendre sentiment, son ame susceptible
Dans des nœuds indiscrets risque de s'engager,
Et de se pervertir sans prévoir le danger.

FULBERT.

Je ne m'allarme point, un cœur pusillanime
S'abandonne au soupçon & présume le crime ;
Pour moi plus confiant, je crois à la vertu,
Et par de vains rapports ne suis point combattu.

CONRADE.

Votre sécurité paroît surnaturelle ;
Mais Héloïse vient, je vous laisse avec elle.

SCENE II.

HÉLOISE, FULBERT.

HÉLOISE.

Par inclination autant que par devoir,
Mon oncle, j'aspirois au bonheur de vous voir.
Le juste emploi du temps souvent me contrarie,
Vous m'avez dit cent fois qu'il faut qu'on étudie.

FULBERT.

Je vous le dis encor ; mais trop d'attachement
Veut être compensé par le délassement.

HÉLOISE.

Le plaisir que mon cœur auprès de vous réclame,
Flatte moins mon esprit qu'il n'affecte mon ame.

FULBERT.

Quand on s'applique trop, l'étude a son danger,
L'aspect de ce qu'on aime a l'art de soulager.

HELOISE.

Un régime appliqué n'a pour moi rien de rude ;
C'est plutôt un plaisir que ce n'est une étude :
Quand un Maître attentif, avec goût, avec choix,
D'un travail assidu fait alléger le poids.

FULBERT.

Vous avez de tout temps captivé ma tendresse ;
J'ai voulu sous mes yeux former votre jeunesse,
Votre esprit pénétrant répond à mes desseins,
Et je vous ai remis dans d'excellentes mains,

La gloire d'un grand Maître est aujourd'hui la vôtre,
La Ville, la Province, admirent l'un & l'autre.
Et la France fertile en sublimes esprits,
Doit s'applaudir un jour de vous avoir produits ;
Mais en se procurant des leçons de sagesse,
Il faut les pratiquer sans trouble, sans foiblesse ;
On doit se surveiller & s'armer avec soin
Contre un penchant caché qui peut aller trop loin.
On accuse Abaillard d'imprimer dans votre âme,
Le poison imposteur d'une amoureuse flâme ;
On dit qu'il vous adore, & que son fol amour
Est payé par le prix du plus tendre retour ;
Je doute qu'à ce point votre vertu s'égare.
Il seroit un ingrat, il seroit un barbare,
Si trahissant chez moi, les droits de l'amitié,
Il ne faisoit de vous, qu'un objet de pitié.

HÉLOISE.

A des mensonges vains Fulbert pourroit-il croire ?
Reconnoissez plus-tôt la trame la plus noire,
Qui poursuit Abaillard & se vange sur nous,
De l'acceüil obligeant qu'il a reçu de vous.

FULBERT.

Sur le mal qu'on répand je ne suis pas crédule,
Mais votre intimité me donne du scrupule,
Un commerce fréquent, familiarisé
Paroit aux yeux du monde, un amour déguisé.
Il faudroit éviter l'occasion prochaine,
Où sans nous consulter le plaisir nous entraîne :
La fleur de la jeunesse augmente vos appas
Quoi qu'on soit Philosophe on n'y resiste pas.
La nature a ses droits & quoi qu'on puisse faire,
De son pouvoir vainqueur on reste tributaire ;

Abaillard eft favant & nous l'admirons tous !
Mais il eft homme enfin , & je tremble pour vous.
De la f. duction fi vous étiez victime,
On m'en rendroit garant , on m'en feroit un crime.
Mon âge , mon état m'impofent le devoir ,
De priver Abaillard , des moyens de vous voir.

HÉLOISE.

Vous qui de fes rivaux détefliez l'injuftice ,
Devez vous aujourd'hui vous en rendre complice
Pouvez vous immoler à de honteux foupçons ;
Un maître refpecté pour fes fages leçons !
Plus on le perfécute & plus j'ai le courage ,
De le juftifier , & d'affronter l'orage.
Quand au fonds de fon ame on eft bien avec foi
L'on brave le public & fon injufte loi.

FULBERT.

La jeuneffe , le bien , les talents , la naiffance ,
Doivent vous procurer une illuftre alliance ,
Ne redoutez vous pas le préjugé fatal ;
Qui peut vous écarter du lien conjugal ?

HÉLOISE.

Non , n'efperez pas voir au gré de votre envie,
Sous le joug de l'himen votre niéce affervie ;
J'afpire à m'engager fous de plus douces loix ;
Sans confulter les fens, j'ai dejà fait mon choix :
Les mufes que je fers, le goût de la fcience,
Exigent du repos & de l'indépendance.
Saurois-je me ployer aux foins induftrieux ,
Que l'amour aux époux prefcrit pour être heureux ?
Non. J'ignore cet art, les nœuds du mariage ,
Pour les femmes ne font qu'un honnête efclavage.

FULBERT.

'Albert cherche à vous voir, il eſt digne de vous,
Prenez en l'écoutant un ſentiment plus doux,
  (*A Albert.*)
Un devoir impoſant m'appelle & m'intereſſe,
D'une fatale erreur allez guérir ma niéce.

SCENE III.

ALBERT, HÉLOISE.

ALBERT.

MADAME, faites grace à mes vœux empreſſés,
De l'aveu de votre oncle ils ſont authoriſés.
J'éprouve en vous voyant que l'éclat du merite :
Surpaſſe encore en vous, tout ce qu'on en débite,

HÉLOISE.

C'eſt un titre trompeur que la célébrité,
L'on y parvient ſouvent ſans l'avoir mérité.
Le penchant naturel que je ſens pour l'étude,
Me fait avec ardeur chercher la ſolitude,
J'apprends à refléchir à l'abri des humains,
Et les livres pour moi ſont des amis certains.

ALBERT.

Vous ſavez des mortels faire la différence,
Auriez vous pour eux tous la méme répugnance ?
Il en eſt un qu'on vante & dont l'eſprit brillant,
A de vous captiver acquis l'heureux talent.

HÉLOISE.

Il trouve dans le goût où mon ame eſt livrée,
Le fruit de ma raiſon par lui méme éclairée,

Je lui dois mon bonheur ; son amitié pour moi ;
D'un sincere retour doit m'impoſer la loi :
Mes ſentiments pour lui ſont des droits légitimes,
Et je les ai puiſés dans ſes leçons ſublimes.

ALBERT.

Mais ne craignez vous pas qu'en ornant votre eſprit,
Ce ne ſoit votre cœur qu'il tourne à ſon profit ?

HÉLOISE.

Non , le devoir fondé ſur la reconnoiſſance ,
Eſt toujours affranchi de toute méfiance ,
Sans ſoupçonner le mal , ſans me taxer d'erreur
Je me livre à la pente où m'entraîne le cœur,
Et j'oſe m'applaudir de n'avoir pris qu'un Maître,
Qui quand je le voudrai , pourra ceſſer de l'être.

ALBERT.

Un attachement pur dans ſon intimité ,
Par le public malin eſt mal interprêté.
De ſes engagements une fille eſt comptable ;
Et doit en s'obſervant ſe rendre reſpectable.
Votre nom eſt déja célèbre en tout pays ,
Vous pouvés aſpirer aux plus brillants partis ;
Faut-il en choiſir un dans le ſein de l'Ecole ,
Un grave pédagogue eſt , dit-on , votre idole ,
N'eſt ce pas abuſer du deſir de ſavoir ,
Que de borner ainſi ſes vœux & ſon eſpoir ?

HÉLOISE.

L'objet que je cheris honore ſa nobleſſe ,
Il met au plus haut prix l'eſprit & la ſageſſe.

ALBERT.

Pluſieurs dans notre état & plus qualifiés ,
On le même attribut qu'ils mettroient à vos piés,
Et je vous offrirois un cœur tendre & ſincere ,
Si j'oſois me flater du bonheur de vous plaire.

HÉLOISE.

D'un choix si glorieux j'accepterois l'honneur :
S'il devoit jamais être avoué par mon cœur,
Mais nul mortel ne peut forcer ma répugnance,
Je veux vivre & mourir dans mon indifférence.
L'or & l'ambition sur moi n'ont point de droits,
J'aime trop mon bonheur pour écouter leur voix ;
L'éclat de la grandeur n'offre qu'une apparence,
Qui séduit la jeunesse & trompe l'ignorance.

ALBERT.

Le sort de mon amour eut été plus heureux,
Si d'un rival obscur vous n'adoptiés les feux ,
Mais je vois qu'Abaillard à subjugué votre ame :
De cet audacieux vous couronnez la flâme ;
Osés vous l'arracher par des vœux criminels ;
Au service d'un Dieu qui l'appelle aux autels ?

HÉLOISE.

D'aucun engagement il ne porte la chaîne ,
Son cœur peut se livrer au penchant qui l'entraîne ;
Et si je le fixois par mes foibles appas ,
J'avouerois son triomphe & n'en rougirois pas.

ALBERT.

Craignez encor pour lui quelque nouvel orage ,
Le malheur qui l'attend deviendra votre ouvrage.

HÉLOISE.

Je sais que par envie on cherche à l'outrager ,
Mais je saurai toujours le plaindre ou le venger.

ALBERT.

Faites de la raison un emploi plus solide ,
Consultez-la toujours & prenez-la pour guide ,

Quoi qu'un rival aimé traverse mon bonheur,
A vous servir tous deux je mettrai mon honneur.

(Il sort.)

HÉLOISE, *seule.*

Oh ! mon cher Abaillard, la haine & l'injustice,
S'arment pour préparer notre commun supplice.

SCENE IV.

ABAILLARD, HÉLOISE.

HÉLOISE.

Dissipez, tendre ami, le trouble de mes sens ;
Nous allons être en but aux complots des méchants.

ABAILLARD

De quel nouveau chagrin votre ame est elle atteinte?
Je vois sur votre front une sinistre empreinte,
Votre air est agité, le trouble est dans vos yeux,
Et vous brisés mon cœur par un présage affreux.

HÉLOISE.

J'oublie en vous voyant les tourments que j'endure
Votre aspect me tient lieu de toute la nature,
Et si je me résous à vous entretenir
De nos malheurs futurs, c'est pour les prévenir.
Nous sommes observés, notre flâme secrette,
Excite des rivaux la rumeur indiscrette,
Et mon oncle surpris par de mauvais discours,
Veut de votre entretien me priver pour toujours.

ABAILLARD.

Me feparer de vous, c'eft m'arracher la vie:
C'eft le dernier effort de la cruelle envie !
Mais quel que foit le fort qui s'arme contre nous,
Je ne crains rien pour moi, je ne crains que pour vous.

HÉLOISE.

Aux funeftes revers mon ame accoutumée,
Pour des maux paffagers ne s'eft point allarmée,
Le courage éclairé par un amour conftant,
Ne fait pas balancer à la voix d'un amant.

ABAILLARD.

Je n'ai point oublié que votre ame fenfible,
Pour dompter l'infortune a tenté l'impoffible ;
Au milieu des écueils, entourés de parents,
Nous nous fommes fouftraits à l'œil des furveillants:
Sous le prétexte vain de vivre à la campagne,
Le ciel vous rendit mere au fein de la Bretagne,
Et depuis ces moments funeftes, mais chéris,
Mon amour fe partage entre vous & mon fils.

HÉLOISE.

Chaque jour en fecret je pleure fon abfence,
Et j'aime encore affez l'auteur de fa naiffance,
Pour ofer m'applaudir d'avoir donné le jour
A ce fruit malheureux d'un mutuel amour :
Vous revivrés par moi dans un autre vous même ;
Je pourrai doublement careffer ce que j'aime,
Et je retrouverai dans un emploi fi doux,
Mon efpoir, mon ami, mon maitre & mon époux.

ABAILLARD.

Prodige de vertus, adorable modèle,
Du plus parfait amour, de l'amitié fidèle,

Souffrez qu'avec tranfport je tombe à vos genoux,
De l'Univers entier j'affronte le courroux :
La fureur des complots n'a rien qui m'épouvante,
Vous êtes mon foutien, mon guide, mon amante,
Et pour combler mes vœux je vois dans votre cœur,
Un temple à la tendreffe, un autel à l'honneur.

HÉLOISE.

L'éclat de votre nom que nul autre n'égale,
A déja triomphé d'une indigne cabale,
Votre efprit brille encor & n'eft point émouffé.

ABAILLARD.

Par l'effort du crédit je ferai terraffé !
Un ami qui nous fert, timide par prudence,
N'arrête pas les coups qu'un ennemi nous lance;
Il profite fouvent de fon obfcurité
Pour faire des noirceurs avec impunité,
A de vaines clameurs l'erreur nous facrifie,
Et quand le mal eft fait, le temps nous juftifie.

HÉLOISE.

Quand la foudre fur vous tomberoit en éclats,
Héloïfe & fon cœur ne vous manqueroient pas.

ABAILLARD.

Pour vivre dans l'opprobre avois-je une ame faite ?
Il faut me concentrer dans une humble retraite,
L'on cède à la douleur quand la honte s'y joint,
L'efprit eft philofophe & le cœur ne l'eft point,

Mes

Mes lâches ennemis par leur persévérance,
Excédent ma raison, fatiguent ma constance
Je n'ai point succombé sous le tissu de maux
Qui m'étoient suscités par Anselme & Champeaux,
De leur emportement j'étois seul la victime,
Leur fureur aujourd'hui vous & moi nous opprime;
Et je ne puis souffrir que leurs perfides coups,
Au lieu de m'accabler s'élancent jusqu'à vous,
Le parti qui nous reste est celui de la fuite.

HÉLOISE.

Vos seules volontés regleront ma conduite;
La province, un desert où je vivrois pour vous,
Deviendroit à mes yeux le séjour le plus doux.
On chérit son Amante, & me trouvant la vôtre,
Mon cœur dédaignera d'être femme d'un autre.

ABAILLARD.

Ah! vous me rassurés par ce trait de bonté,
Et vous mettés le comble à ma félicité.
On attaque mes mœurs, on rend ma foi suspecte;
Le don de vous charmer est un tort qu'on m'objecte,
Si vous n'adoucissiés la rigueur de mon sort,
J'irois sans hésiter au-devant de la mort.

HÉLOISE.

Ne désespérons point, le temps & la prudence,
Pourront de notre état calmer la violence;
L'amour que nous servons, aux plus affreux tour-
    ments
Doit faire succéder d'agréables moments.

C

ABAILLARD.

Par l'utile secours de la Philosophie,
Allons nous prémunir contre la tyrannie,
Les travaux de l'esprit par un charme secret
Savent de la douleur modifier l'effet.

Fin du premier Acte.

ACTE II.

SCENE PREMIERE.

CONRADE, ALBERT.

ALBERT.

C'Est en vain que Fulbert daigne approuver ma
flâme,
Rien ne touche Héloïfe & n'attendrit fon ame,
Ferme dans fes projets, éprife du favoir,
Elle m'a de lui plaire enlevé tout efpoir.

CONRADE.

N'employez plus près d'elle une vaine conftance,
Nous avons fait valoir vos biens, votre naiffance,
Et Fulbert a voulu joindre l'autorité,
Aux foins que vous preniés pour vaincre fa fierté,
Son obftination rend notre attente vaine;
Elle vit fous le joug d'une honteufe chaîne,
Ainfi pour votre honneur, il n'y faut plus penfer,
Moi méme le premier je m'y dois oppofer,
Je preffois votre himen, loin que je le fouhaite,
J'ai pour m'y refufer une raifon fecrette,

C ij

Il ne m'eſt pas permis de vous la réveler,
C'eſt trop tôt que le temps viendra la dévoiler.

ALBERT.

Je penſe qu'Héloïſe eſt digne d'être aimée,
Son mérite ſurpaſſe encor ſa renommée.
A la voir, à l'entendre on ſe ſent enflâmer,
Et je ſais qu'Abaillard à l'art de la charmer,
A l'amour d'un grand nom elle eſt inacceſſible,
La fortune le rang la trouvent inſenſible,
Et le goût de l'étude eſt l'unique plaiſir
Auquel avec ſon Maître on la voit s'aſſervir.
Pour moi, dès la jeuneſſe élevé dans les armes;
D'un livre ou d'un auteur je goûte peu les charmes;
Et peut-être Héloïſe en rejettant ma main,
A ſon indifférence ajoute le dédain.

CONRADE.

Elle ſent tout le prix d'un parti qui l'honore,
Mais elle s'abandonne au feu qui la dévore,
L'eſprit devroit du moins éclairer notre cœur,
Sur les dangers qu'entraîne un préſtige trompeur,
Son jugement échoue à la ſeule parole.
D'un pédant hériſſé du faſte de l'école,
Elle n'aime & ne voit que lui dans l'Univers:
Et craint de ſe guérir d'un ſi honteux travers.
A faire un meilleur choix nous ſaurons la contraindre.

ALBERT.

Non, ne l'aigriſſez pas, on doit plutôt la plaindre,
Loin de vous exciter à la rigidité,
Je voudrois concourir à ſa félicité:
De vaincre les penchants eſt-on toujours le maître?
Nous ſuivons ceux qu'en nous la nature a fait naître;
L'on fait pour les chaſſer d'inutiles efforts,
Ils reviennent ſans ceſſe & n'en ſont que plus forts.

CONRADE.

L'orgueilleux Abaillard a perverti son âme,
Sa vue est l'aliment de cette vile flâme ,
Et je veux que le traître éloigné de nos yeux,
Gémisse & soit puni d'un projet odieux.

ALBERT.

Tachez de l'écarter sans bruit & sans scandale ,
Et de ses partisants prévenez la cabale :
Héloïse sensible au plus leger affront,
Gémiroit de le voir rejaillir sur son front,

CONRADE.

A ma famille entiere ils ont fait un outrage,
Faut-il qu'en les vengeant ma haine les ménage ?
Fulbert qu'on a trompé doit s'armer de courroux ,
Réparer sa foiblesse , & seconder mes coups.

ALBERT.

Il vient, de vos transports calmez la violence ;
Avant que d'éclater consultez la prudence.
Vous allez discuter un intérêt commun ,
Je pourrois devenir un témoin importun.

(Il sort.)

CONRADE.

La vengeance doit-être aussi vive que prompte ,
Quand il faut prévenir ou réparer sa honte ,
Par un aveu fatal , j'hésite à l'accabler,
Mais le cri de l'honneur me force de parler.

SCENE II.

CONRADE, FULBERT.

FULBERT.

LE peuple aveuglément cède au gré du caprice,
Et quand on le détrompe il sçait rendre justice.
Abaillard est enfin au comble de ses vœux,
Quoiqu'il soit entouré de rivaux dangereux :
Le public éclairé par sa rare éloquence,
Prend contre ses jaloux hautement sa défense.
Et ses persécuteurs confus, abandonnés
Au juste désespoir se verront condamnés :
Une foule empressée orne son auditoire,
Et Paris retentit des chants de sa victoire.

CONRADE.

Loin de prendre intérêt à ses brillants succès ;
Songez à le punir du plus noir des forfaits.
Ce perfide abusant de votre confiance,
De la tendre Héloïse a ravi l'innocence,
Et des gens, non-suspects, en secret m'ont apris,
Qu'elle nous a caché la naissance d'un fils.

FULBERT.

Un tel excès d'horreur a lieu de me surprendre,
Et d'un soupçon si bas vous deviez vous défendre.
Plus le fait est choquant par son atrocité,
Plus on en sent le faux & la méchanceté.
Vous sçavés qu'Héloïse est heureusement née ;
Un mauvais ascendant ne l'a point dominée ;

Elle eſt trop attachée aux régles de l'honneur.
Pour céder à la voix d'un lâche ſuborneur.
CONRADE.
Votre ſécurité m'étonne & me tranſporte,
L'honneur a beau parler, la nature eſt plus forte ;
Je ſçais que le public ſe prévient aiſément,
Mais ſouvent un bruit ſourd n'eſt pas ſans fondement.
L'on débite tout bas, que le libertinage
Leur a fait uſurper les droits du mariage :
Qu'Héloïſe en Bretagne a caché ſon forfait,
Et qu'ils ont même encore un commerce ſecret.
FULBERT.
S'ils m'ont couvert d'opprobre il n'eſt point de ſup-
     plice
Capable d'effacer leur cruelle injuſtice.
J'irois aux pieds du Trône expoſer mes malheurs,
Et faire retentir mes plaintes & mes pleurs.
Sans ſouffrir qu'Abaillard ici ſe juſtifie,
Je vais le renvoyer avec ignominie.
Mes mœurs, ma dignité, l'honneur de ma maiſon,
Doivent être à l'abri du plus léger ſoupçon.
CONRADE.
Cette punition ſeroit trop modérée,
Contre l'indigne auteur d'une offence averée ;
Je vais avec ardeur chercher à m'éclaircir,
Du genre de délit que nous devons punir.
FULBERT.
La tache qui noircit la vertu d'une fille,
Retombe également ſur toute ſa famille.
L'aveugle médiſance accuſe ſes parents,
D'avoir trop d'indulgence ou d'être négligents.
Ainſi, dans la recherche uſéz de prévoyance,
Sans mettre le public dans votre confidence.

C vj

CONRADE.

Reposez vous sur moi du soin d'approfondir
Un miftère odieux, dont j'aurois à rougir.
Si par un pédagogue, Héloïfe eft féduite ;
Rien ne peut la fouftraire à ma jufte pourfuite :
Quand je devrois périr, j'éteindrai dans fon fang,
L'outrage que nous fait un amour indécent.

FULBERT.

J'approuve le tranfport dont l'ardeur vous entraîne ;
Vous me trouverés prêt à fervir votre haîne ;
Le perfide Abaillard doit fe rendre en ces lieux :
Il n'eft pas temps encor qu'il paroiffe à vos yeux,

CONRADE.

Non, je dois m'éloigner, l'afpect du téméraire,
Ne me permettroit pas de cacher ma colère.

SCENE III.

FULBERT, *feul.*

C'E s t un fâcheux emploi dans la fociété,
Que le foin d'élever une jeune beauté !
Aux foins des furveillants fon efprit fe refufe,
Et fon oreille s'ouvre au flateur qui l'abufe ;
Le préjugé, l'exemple & mille féducteurs,
Concourent avec art pour corrompre fes mœurs :
Tandis qu'ouvertement un jeune homme l'affiége,
Une femme en fecret l'attire dans le piége.
Les écueils fous fes pas s'offrent de tout côté,
Et l'avis des parents eft toujours rejetté,

J'efpérois qu'Héloïfe à mes leçons docile
Jouiroit près de moi d'un fort doux & tranquile.
Je l'avois confiée aux foins d'un faux ami ,
Qui, fans la refpecter , m'a lâchement trahi.
Ma fenfibilité doit fans doute être extrême ,
Mais qu'il en coute , hélas ! pour punir ce qu'on aime!
L'œil du temps perce tout , il fçaura dévoiler
Un affront que mon cœur voudroit diffimuler :
Lorfqu'il éclatera, bientôt la voix publique
Lancera contre moi les traits de fa critique.
Que ne m'eft-il permis de cacher dans mon fein ,
Le trifte fentiment d'un deshonneur certain !
Mais Conrade me force à rompre le filence ,
Abaillard vient ici s'offrir à ma vengeance.

SCENE IV.

ABAILLARD, FULBERT.

FULBERT.

DE quel front ofés vous refter encore ici
Après le procédé dont vous êtes noirci ?
Je vous ai toujours crû digne de mon eftime ,
Et vous me détrompés.

ABAILLARD
Eh quel eft donc mon crime ?

FULBERT.
Vous aimés Héloïfe , un dangereux talent
Vous a donné fur elle un perfide afcendant.

Vous vous plongez tous deux dans une ignominie;
Où je vois s'abforber le bonheur de ma vie.
Falloit-il cœur ingrat n'implorer mes bienfaits,
Que pour rendre mes yeux témoins de vos forfaits?
Quand de vos ennemis la cohorte obftinée,
Se montra contre vous vivement acharnée;
Forcé de quitter Laon dont vous étiez banni,
Par ma feule bonté, vous fûtes acueilli:
Votre efprit féduifant capta ma bienveillance,
Et je vous accordai toute ma confiance;
Je plaignis vos malheurs, je vous reçus chez moi,
Et je juftifiai vos mœurs & votre foi.
Quel prix referviez-vous à de fi grands fervices,
Falloit-il les payer par de bas artifices?
Je rougis, mais trop tard, votre cœur fans pitié
A violé les droits de la fainte amitié.
Je n'avois pour appui qu'une nièce chérie,
Par des confeils pervers vous me l'avez ravie!
Ce rapt inattendu creufera mon tombeau,
Je vous crus mon ami, vous êtes mon boureau.

A B A I L L A R D.

Héloïfe eft des cieux le plus parfait ouvrage,
Devez-vous me blâmer fi je lui rends hommage?
Son cœur que j'ai formé moi-méme à la vertu,
Eft le prix mérité de mon zèle affidu.
Elle prend mes leçons; l'effort de fon génie
Pénétre les fecrets de la Philofophie,
Et la Religion fans mélange d'erreurs
Eft un guide affuré pour épurer fes mœurs.

F U L B E R T.

L'efprit fe perd fouvent dans des thèfes fublimes,
Et l'excès de chaleur le porte aux plus grands crimes.
L'enthoufiafme offufque & l'on n'apperçoit pas
Un précipice ouvert, où s'abîment nos pas.

L'on ne recherche point une fille sçavante,
On veut qu'elle ait l'humeur simple, douce, liante
Et toujours attentive au bonheur d'un mari,
Qu'elle sçache sans art rapporter tout à lui.

ABAILLARD.

Aux divers agréments d'un heureux caractère,
Votre parente unit tout ce qu'il faut pour plaire;
Mais le joug de l'Hymen lui paroit odieux,
Et le trépas seroit préférable à ses yeux.

FULBERT.

D'un tel éloignement vous êtes seul la cause,
C'est vous dont la présence à mes projets s'oppose,
Partez, je vous l'ordonne, & n'alimentez plus
Un feu dont la durée est un indigne abus.

ABAILARD.

Je lis mon deshonneur dans cet arrêt sauvage,
C'est à mes envieux donner trop d'avantage;
Il ne me reste plus dans mon malheureux sort,
Qu'à traverser les mers pour y trouver la mort.

FULBERT.

De mes meilleurs amis, si j'en crois le murmure,
Votre déréglement a comblé mon injure:
Un enfant procréé de votre indigne amour
Au sein de la Bretagne a, dit-on, vu le jour.
On l'élève en secret, & son obscure vie
Est un gage certain de votre ignominie.

• ABAILLARD.

Sans rien approfondir, ajouterés-vous foi
Aux bruits calomnieux qu'on sême contre moi?
Votre crédulité qu'on tâche de séduire,
Avant de me frapper doit chercher à s'instruire.
Héloïse est modeste, elle a trop de fierté,
Pour enfreindre les loix de la pudicité,
Et si de quelqu'erreur l'amour l'a rend coupable
D'en prévenir l'affront ce Dieu me rend capable:

Mon favoir, mes malheurs m'ont fait un grand re-
    nom,
J'ai de bons protecteurs, vous connoiffés mon nom,
Et je fuis en état d'offrir à votre nièce,
La réputation, le bien, & la Nobleffe,
Je ne fuis point lié par des vœux folemnels
A la néceffité de fervir les Autels.

FULBERT.

Si vous avés conçu cette folle penfée,
Baniffez cette erreur de votre ame abufée.
Je ne puis fupporter que ta témérité
Veuille nous rapprocher du point d'égalité.
Ton difcours me confond, ta préfence m'irrite,
Et pour me contenir il faut que je te quitte,
Retires-toi ferpent élevé dans mon fein,
Si ta préfomption a formé le deffein
D'époufer Héloïfe en forçant mon fuffrage,
Tu n'en recueilleras que ma haîne & ma rage.
J'attacherai ma gloire à te perfécuter.
Ne me repliques plus, je crains de t'écouter,
Et j'exige fur-tout qu'avant qu'il foit une heure;
D'un monftre tel que toi tu purges ma demeure.

ABAILLARD.

A cet éxil honteux je préfére la mort.

FULBERT.

Ton fupplice eft plus grand, je te livre au remord,
Et fi l'efprit en toi, par trop de fuffifance
N'a pas du fentiment étouffé l'influence.
Tu rougiras fans ceffe, & ta propre douleur
Deviendra ton tyran & mon premier vengeur.

ABAILLARD.

L'amitié devoit-elle enfanter tant de haine.

FULBERT.

Un traître en l'irritant fait la rendre inhumaine;

Ton orgueil s'eft joué de ma fimplicité,
Pour abufer des droits de l'hofpitalité.   (*Il fort.*)
ABAILLARD.
O honte ! ô défefpoir, la fenfible Héloïfe
Va périr de douleur, de honte & de furprife ;
L'exil d'un tendre amant, la naiffance d'un fils,
Seront du moins pour elle une fource d'ennuis.
La femme la plus douce & la plus précieufe ;
Par mon attachement eft la plus malheureufe :
D'un déluge de maux foutiendrai-je le poids !
Mon courage renaît, c'eft-elle que je vois.

SCENE V.

ABAILLARD, HÉLOISE.

ABAILLARD.

Vous devés détefter l'amant qui vous adore,
Vos malheurs & les miens font augmentés encore.
Nous fommes, à Fulbert, fufpects de trahifon,
Et fon brufque courroux m'interdit fa maifon.
Pour refpirer en paix où pourai-je donc vivre ?
HÉLOISE.
Par tout où vous irés je fuis prête à vous fuivre,
Que mon oncle irrité cherche à vous écrafer,
Rien au fonds de mon cœur ne peut vous balancer.
ABAILLARD.
Nous fommes les objets de fa vive colère,
Il connoît nos amours, fait que vous etes mère,

Et s'apprête à punir par son autorité.
Nos transports indiscrets & notre intimité.
HÉLOISE.
A votre éloignement je ne puis me résoudre,
Plutôt que d'obéir j'affronterois la foudre ;
Vous êtes mon ami, mon amant, mon époux,
Tous ces titres pour moi, sont réunis en vous.
ABAILLARD.
Pour écarter de nous les effets de sa rage,
Je ne vois que les nœuds d'un secret mariage !
Nous nous sommes cent fois assuré notre foi,
Confirmons nos serments sous les yeux de la loi.
HÉLOISE.
Dans les bras de l'amour, j'ai cherché l'amour même ;
Et j'aurois méprisé l'éclat du diadème :
L'auguste nom de femme est un titre d'honneur.
Le nom d'amie est libre & flate plus le cœur.
Pardonnez ces aveux à ma délicatesse,
J'aime par sentiment & non pas par foiblesse :
Le plaisir de s'aimer croît par la liberté,
Il s'énerve & s'endort par la nécessité ;
Le devoir, le respect nuiroient à la tendresse
Que je sentois pour vous à titre de maîtresse,
Je craindrois d'engager pour jamais mon amour
Au maître qui pourroit ne plus m'aimer un jour.
ABAILLARD.
On acquiert un état & l'époux seul le donne,
Je voudrois vous offrir le don d'une couronne.
HÉLOISE.
Que l'on cherche du bien, des dignitez un rang
Dans le nom, dans les bras d'un époux indolent,
C'est de l'ambition l'ordinaire appanage ;
Le véritable amour dédaigne cet usage,

Au pouvoir des tirans rien ne l'affujettit,
Sans chercher les grandeurs lui même fe fuffit ,
La libre obeiffance à mes yeux eft plus chere ,
Que l'art de commander aux Maîtres de la terre ,
Je brave les propos, & fiere de mon choix,
Je confulte mon cœur fans fuivre d'autres loix.

ABAILLARD.

Songez que votre fils eft conçu dans le crime ;
Notre himen pourra feul le rendre légitime,
Voulés vous que privé du rang de citoyen,
Il rampe dans le monde & foit compté pour rien ?

HÉLOISE.

Il fe glorifiera de vous avoir pour père ,
Ce titre eft affez beau pour qu'on le confidère ;
Votre nom doit paffer à la poftérité,
Et malgré les jaloux il fera refpecté :
Quand on a des talents, des mœurs , de la doctrine ;
Aux yeux de la raifon qu'importe l'origine ?

ABAILLARD.

Contre nous la juftice armera fa rigueur,
Je ferai condamné comme un vil féducteur ,
Fulbert en fera cru fur fa fimple parole.

HÉLOISE.

Mais fans nous féparer il faut qu'on nous immole,
Je volois au devant de la féduction,
Je dois m'offrir moi-même à la punition.

ABAILLARD.

Tout peut fe reparer , il en eft temps encore ;
Allons légitimer le feu qui nous dévore ,
Que le ciel appaifé reçoive nos ferments ,
Et jurons quoi qu'époux d'être toujours amants.

HÉLOISE.

Pourquoi facrifier l'intérèt de l'Eglife ?
Vous devez l'éclairer.

ABAILLARD.

Ah ! ma chere Héloïfe :
Un intérêt plus fort me parle par vos yeux,
Je me flatte d'y lire un oracle des cieux,

HÉLOISE.

Jamais nul Philofophe au joug du mariage
N'a voulu fe ployer ; au détail d'un ménage,
Votre efprit tranfcendant peut-il s'affujettir?
Socrate s'y foumit & dut s'en repentir.
Eft-il décent qu'un clerc quitte fon bénéfice,
Pour vacquer aux devoirs d'un profane fervice ?
Fulbert vous caufera de facheux embarras,
Il fait diffimuler & ne pardonne pas.
Il fe livre au torrent d'une langue indifcrette.
Et ne tiendra jamais notre union fecrette.
Comme amant, comme époux, vous auriés à rougir,
Ce feroit vous tromper que de vous obéir.

ABAILLARD.

Craignez pour votre fils, écartez la tempête ;
Qui nous pourfuit tous deux & menace fa téte,
On peut vous l'enlever & de barbares mains ;
Oferoient l'arracher du nombre des humains.

HÉLOISE.

Oh, mon cher Aftralabe, ô charme de ma vie,
Le péril que tu cours me rend anéantie !
Allons dans le fecret méditer & pleurer,
Un fi tendre interêt faura nous éclairer.

Fin du fecond Acte.

ACTE III.

ACTE III.

SCENE PREMIERE.

HÉLOISE, ABAILLARD.

HÉLOISE.

VOUS éxigés enfin que mon cœur se soumette ;
Aux loix du triste hymen que le vôtre projette,
Je vous obéirai, mais ce stérile honneur,
Va devenir pour nous le tombeau du bonheur.

ABAILLARD.

C'est un gage assuré de la plus tendre estime ,
Nous pourrons nous chercher & nous aimer sans
   crime ,
L'amour qui nous unit , devenu vertueux ;
S'empressera lui même à resserrer nos nœuds :
Vous vous honorerez , du tendre nom de mère ;
Je ne rougirai plus du beau titre de père ,
Et tout à nos devoirs, nous pourrons en repos,
Consacrer à l'état nos utiles travaux.

HÉLOISE.

Un nœud indissoluble est une rude chaîne ,
L'amour vit de plaisir, l'hymen sèche de peine,

D

La vanité de l'homme ardente à conquérir,
Perd son activité dans le droit de jouir,
L'amant est satisfait lors même qu'il soupire,
Les époux languissants n'ont plus rien à se dire,
Ou de leurs entretiens le sujet ennuyeux,
Invite la langueur à siéger auprès d'eux.

ABAILLARD.

Dissipez pour jamais un doute qui m'offence,
L'amour que je ressens tient à mon existence.
Nous goutions le bonheur dans nos engagements
Doit-il nous échapper sous la foi des serments ?

HÉLOISE.

Les femmes vous plaisoient, mais j'étois la premiere,
Et n'occuperai plus votre ame toute entiere,
Quand à se faire aimer on a sçu parvenir ;
On en garde, toujours un tendre souvenir,
J'aimois & j'employois les jours à vous le dire;
Je passois vivement les nuits à vous écrire,
J'etois l'objet chéri de vos douces chansons,
Et je m'attendrissois aux charmes de vos sons :
Loin d'avoir l'âcreté d'un orateur sauvage,
Vos propos respiroient l'élégant badinage,
Et pour vous dissiper une aimable gayté;
Répandoit l'ornement dans la société,
En vous faisant honneur du roman de la Rose,
On m'immortalisoit par l'effet & la cause :
Et les vers que pour moi votre muse a chantés,
A quelqu'autre beauté deviendront adaptés,
La jalousie en vain s'irritoit de ma gloire,
Je jouissois tout bas des fruits de ma victoire,
Mon triomphe finit ; quand vous aurez ma foi,
L'on ne parlera plus ni de vous ni de moi.

A B A I L L A R D.

L'amour entretenu dans le sein du mistére,
Sans perdre de sa force a toujours de quoi plaire ;
Il a le don d'unir au bonheur des époux,
Le plaisir séduisant de tromper les jaloux.

H É L O I S E.

A vos décisions vous me verrez soumise,
Craignez de regretter la trop tendre Héloïse ;
Un amant délicat ne peut qu'être offencé,
Du tribut que lui paye un sentiment forcé.

A B A I L L A R D.

A toutes les vertus vous joignés la constance ;
Je ne redoute rien de votre indifférence ,
Je vous connois fidelle & doit-on présumer,
Que l'amour disparoisse avec le droit d'aimer ?

H É L O I S E.

Eh bien donc de Fulbert calmez la violence ,
Par vos soumissions rappellez sa clémence ,
Employez vos talents à lui faire sentir ;
Tout l'intérêt qu'il a lui même à nous unir :
Je vous quitte & je vais attendre dans les larmes :
Le terme redouté de mes justes allarmes.

A B A I L L A R D.

Par un heureux effort dans mon cœur combatu ,
Je vais concilier l'amour & la vertu.
Quand du devoir austère on a quitté la route ,
L'âme honnête murmure & sent ce qu'il en coute :
Le teu des passions excite des transports,
Et l'honneur délicat nous rappelle aux remords ,
Je formois Héloïse à de vaines sciences,
Et je lui préparois de mortelles souffrances :

Par un charme vainqueur mon efprit arrêté,
Sans fonger aux écueils perdoit fa liberté :
On allie aifément l'amour & la licence,
L'on vit dans mes leçons un ton de négligence,
Qui trahit ma défaite & la fit foupçonner,
La jeuneffe critique ofa me chanfonner,
Et les étudiants que je dévois inftruire,
Publièrent tout haut ma honte & mon délire,
Effaçons ces erreurs par un fage retour,
L'hymen doit réparer les fautes de l'amour :
L'inflexible Fulbert me défend fa préfence,
Rifquons de l'aborder, je le vois qui s'avance.

SCENE II.

FULBERT, ABAILLARD.

ABAILLARD.

JE viens avec refpect embraffer vos genoux,
Et fléchir, s'il fe peut, votre jufte couroux ;
Fulbert, avés vous dû me juger fans m'entendre,
Et deviés vous bannir un ami fûr & tendre ?
Si vous m'avés ôté les droits de l'amitié,
Ne m'enlevez pas ceux qu'infpire la pitié.

FULBERT.

De quel front ofes-tu foutenir ma préfence,
Je méprife & je crains ta funefte éloquence :
Tu fus, par mes bontés, admis dans ma maifon,
Le prix de mes bienfaits fut une trahifon.

ABAILLARD.

I a raifon à vos yeux m'a rendu condamnable ,
Mais l'amour eft-il donc un crime impardonnable?
A fon pouvoir fupréme on ne peut réfifter ,
Et fon aveuglement ne fait rien refpecter :
Des graces , des vertus , Héloïfe eft l'image ;
Le ciel ne fit jamais un plus bel affemblage ,
Et quand je m'attachois à lui former le cœur,
Son afcendant du mien devenoit le vainqueur.
L'amour fur les mortels exerce fon empire :
Son feu féditieux n'eft qu'un ardent délire.
A fon pouvoir vainqueur peut on fe refufer ,
Quand la nature en nous femble l'authorifer ?
Ce dieu fans diftinguer ni les rangs ni les âges,
A foumis fous fes loix les héros & les fages ;
Et la philofophie eft un foible rempart,
Contre tous les affauts que nous livre fon art.
Je fens qu'auprès de vous dans le fonds tout m'accufe;
Mais voyez Héloïfe elle fait mon excufe.

FULBERT.

De ma fimplicité deviés vous me punir ,
Quand je comptois fur vous , falloit il la ravir !
Devois-tu la plonger au fonds d'un précipice,
Elle faifoit ma joye, elle fait mon fupplice !
Abforbé jour & nuit dans la fombre douleur,
Je n'attends qu'un tombeau creufé par la langueur;
Et je rougis de voir qu'une amitié perfide ,
Ait plongé dans mon cœur un glaive parricide.

ABAILLARD.

Je puis tout réparer , difpofez de mon fort,
Vous pouvés prononcer ou ma vie ou ma mort,

Parlez , vous me voyés prêt à vous satisfaire ,
Le comble de mes maux seroit de vous déplaire.
Mon devoir le plus cher est de vous honorer,
Je vis pour Héloïse laissez moi l'adorer :
Votre cœur fut toujours bienfaisant & sensible ,
Pour deux infortunés serez vous infléxible ?
Déja par vos rigueurs bannis , humiliés ,
Il ne nous reste plus qu'à mourir à vos piés.
Vous êtes notre ami , vous étiés notre père.

(Il se jette à ses genoux.)

FULBERT.

Je sens à ce transport expirer ma colère ,
Votre état douloureux me touche & m'attendrit ;
Dans la religion mon devoir est écrit ,
Je blâme vos erreurs , sa pureté l'ordonne ,
Mais elle veut aussi que je vous les pardonne.
Vous m'arrachés des pleurs & vous me désarmés,
Les feux de l'amitié sont en moi rallumés.

ABAILLARD.

Permettez qu'Héloïse en secret soit ma femme ;
Et vous couronnerés la plus heureuse flâme :
Nous n'offencerons plus ni l'honneur ni les lois,
Et la religion rentrera dans ses droits.

FULBERT.

J'y consens, mais je veux qu'un voile des plus sombres,
Pour l'intérêt commun vous couvre de ses ombres,
Il nous est important de garder le secret ,
Je promets de ma part un silence complet.

ABAILLARD.

Je vais de vos bontés informer Héloïse ,
Ses sentiments pour vous la rendoient indécise .

Elle va refpirer ; ce généreux pardon,
De fes vives douleurs, eft le contre poifon.

FULBERT.

A vos engagements foyez toujours fidéle ,
Je cheris Héloïfe & vous aime autant qu'elle,
Approchez & croyez que cet embraffement ,
Devient pour vous le fceau de mon confentement.

(Il l'embraffe.)

ABAILLARD.

Le ciel qui fut témoin de notre ardeur fincere,
Sera de nos ferments le fûr dépofitaire,
Je vole vers l'autel ; vous me verrés dans peu,
Joindre au doux nom d'ami le titre de neveu.

(Il fort.)

FULBERT.

C'eft un pefant fardeau que le poids de la haîne !
Quand on eft né fenfible , il coute trop de peine,
Je rendois malheureux par pure ambition ,
Les objets les plus chers à mon affection.
Mais Conrade irrité blâmera ma foibleffe,
Et va dans fon dépit m'accufer de baffeffe.
Je dois à le fléchir appliquer tous mes foins ,
Il vient fort à propos, parlons lui fans témoins.

D iv

SCENE III.

FULBERT, CONRADE,

CONRADE.

LE perfide Abaillard médite une surprise,
Et veut à nos regards derober Héloïse ;
J'observe ses desseins & mon ressentiment,
Aspire à s'expliquer par un prompt châtiment.

FULBERT.

Moderez les transports d'une aveugle furie ;
Et gardez-vous surtout d'attenter à sa vie,
Notre religion invite à pardonner,
L'exemple est glorieux & je dois le donner.

CONRADE.

Le traître sous nos yeux triomphe de son crime ;
Il a l'audace encor d'obseder sa victime,
Et l'en laisser jouir avec impunité,
Pour nos cœurs outragés c'est une lâcheté.

FULBERT.

Je sais que sur l'honneur on doit se montrer ferme,
Mais le ressentiment, quoi que juste, a son terme,
Abaillard repentant offre de réparer,
L'injure dont l'éclat a du vous ulcerer.
Rien ne peut l'arracher à sa chere Héloïse ;
Et j'aurois vainement tenté cette entreprise ;
Je n'aurois recueilli de mon acharnement,
Que le triste plaisir d'avoir fait leur tourment ;

Je me suis décidé pour un parti plus sage,
J'ai souscrit au projet d'un secret mariage,
Et je veux qu'occupés d'une innocente ardeur ;
Chez moi d'un sort tranquille ils goutent la douceur.

CONRADE.

Authorisés vous une indigne alliance ,
Qui choque bassement la régle & la décence?
Le public blâmera votre facilité ,
Et l'imputera même à l'imbécillité ;
Pour moi , je vous condamne & je vous désavoue ,
La fortune dût-elle au plus haut de la roue,
Elever Abaillard & le combler de biens ,
Je rougirai toujours de nos communs liens.

FULBERT.

En les réuniffant par un nœud légitime ,
J'ai du les arracher à la honte du crime ;
Abaillard doit le jour à de nobles ayeux ,
Son mérite & son nom se sont rendus fameux ;
Héloïse l'avoit choisi par préférence ,
Vous ne devés donc pas m'accuser d'imprudence ;
Ni me taxer d'erreur quand j'ai pris le parti ,
D'assurer le bonheur d'un estimable ami.

CONRADE.

Ce prétendu bonheur ne sera pas durable ;
Quoi que vous l'honoriez d'un aveu favorable ,
Sans être retenu par sa célébrité ,
J'oserai le punir de sa témérité.

FULBERT

Je crains que la fureur dont l'excès vous anime ,
En fafcinant vos yeux ne vous ouvre un abîme ,
Les lauriers que moissonne un guerrier au combat ,
Doivent-ils se flétrir par un affassinat ?

Vous en préparés un, attaquer la foiblesse,
De l'art des conquérants c'est souiller la noblesse.
CONRADE.
La vengeance&l'honneur peuvent marcher d'accord,
Je ne projette pas de lui donner la mort.
Votre état est paisible & je sais qu'à votre âge,
L'on fait gloire d'avoir l'indulgence en partage,
Mais moi qui fus formé pour voler aux combats;
Avant d'être vengé je ne pardonne pas.
FULBERT.
D'Héloïse & de moi si l'intérêt vous touche,
Moderez les accès de votre humeur farouche,
Je vais prier le ciel d'adoucir vos projets,
Et de vous éclairer avec l'esprit de paix.

(Il sort.)

CONRADE.
Albert doit concourir au châtiment d'un traître,
Mais de ses passions il sait se rendre maître.
Il vient ; abordons-le, ce nouveau changement,
Doit exciter son trouble & son étonnement.

SCENE IV.

CONRADE, ALBERT.

CONRADE.

Votre amour empressé ne devoit pas s'attendre,
A la conclusion que je vais vous apprendre,
Abaillard, Héloïse aux pieds de nos autels,
Doivent être liés par des nœuds solemnels.

Fulbert a consenti qu'on formât cette chaîne,
Pourvû que le secret la rendît incertaine,
Je suis encor frappé de son aveuglement,
Et je résiste à peine à mon emportement.

ALBERT.

Vous me percés le cœur, j'adorois Héloïse,
Et son choix offençant veut que je la méprise,
Quel bizare pouvoir a pu la décider,
A céder au penchant qui va la dégrader ?
Je croyois fermement que son ame élevée,
D'un si funeste ecueil se seroit préservée,
Je voyois son amour, sa douleur, son dépit,
Comme des feux folets qui brillent dans la nuit,
Et je ne doutois pas qu'un rayon de lumiere,
Ne vînt à la raison la rendre toute entiere,
Je me suis abusé, confus de mon erreur,
Je vais cacher mon trouble & périr de douleur.

CONRADE.

L'on se repent trop tard de compter sur les femmes,
On ne pénètre point les replis de leurs ames,
Elles font en effet ce que nous les faisons,
Et n'ont que les vertus que nous leur supposons.
Quoi qu'Héloïse soit réfléchie & savante,
Des défauts de son sexe elle n'est pas éxempte,
Le caprice sur elle a conservé ses droits,
Et ce tyran bizare a décidé son choix.

ALBERT.

Je ne puis la noircir d'aucune perfidie,
Ma flâme par l'espoir n'a point été nourrie,
Et lorsque je me plains de me voir maltraité,
Je dois rendre justice à sa sincérité.

CONRADE.

Sans l'ingrat Abaillard & fa vive pourfuite,
Elle eut apprecié votre rare mérite,
Et fe faifant honneur de vous offrir fa main,
Elle auroit pû jouir d'un fortuné deftin.
Un Recteur a caufé fon malheur & le vôtre,
L'opprobre de fon front fe répand fur le nôtre,
Et mon bras fe difpofe à laver dans fon fang ;
L'injure que nous fait un accord outrageant.

ALBERT.

Malgré les mouvements de mon antipathie,
Je ne puis confentir qu'on attente à fa vie,
Quand d'un foible ennemi l'on fe rend le vainqueur,
L'avantage obtenu n'offre rien de flateur.

CONRADE.

L'amour a fait leur crime ils ont connu fes charmes ;
Et c'eft ce même amour qui me fournit des armes,
Il fera fucceder le fupplice aux plaifirs,
Ils ne fentiront plus que d'impuiffants defirs.
Et confumés de feux mais fans les fatisfaire,
Le dernier de leur maux fera de fe déplaire,
L'engagement fatal qui les a raproché,
Leur fera tour à tour fans ceffe reproché.

ALBERT.

Un guerrier ofe-t-il préter fon entremife,
Au projet d'immoler la charmante Héloïfe ;
Refpectez fa vertu, fon favoir, fa beauté :
Et fongez qu'Abaillard eft un homme vanté.

CONRADE.

Je veux les réunir dans un commun fupplice,
Et qu'en fe regardant l'un & l'autre rougiffe,

Malgré moi de l'hymen ils ont ceint le bandeau,
Le nœud qui les unit deviendra leur boureau.
Ils cherchoient les plaisirs dans leur chaîne fatale;
Ils ni trouveront plus que le sort de Tentale.

ALBERT.

Fulbert s'indignera d'un barbare courroux,
Tout Paris soulevé s'armera contre vous,
Et l'auſtere Juſtice en puniſſant l'injure,
Croira venger auſſi les droits de la Nature.

CONRADE.

L'honneur eſt le foyer de mes reſſentiments
Pour le conſerver pur, il brave les tourments;
Un affront dans nos mœurs exige une victime,
Et la peine ſe doit meſurer ſur le crime.

ALBERT.

Les délits échappés à la fragilité
N'enfantent point la haîne & la ſévérité;
Je veux vous arréter au bord du précipice;
D'un attentat nouveau connoiſſez l'injuſtice;
Mon amour mépriſé ſe révolte tout bas,
Il murmure, il s'irrite & ne m'aveugle pas.

CONRADE.

La modération regle votre conduite;
Mais de vous imiter je n'ai pas le mérite.
Je vous parle en ami; gardez ſur mes projets
Le ſilence qu'on doit à des avis ſecrets.
Je vous quitte, & je vais par de ſages meſures
Aſſurer les moyens de laver mes injures.

(Il ſort.)

ALBERT.

Le feu de la vengeance eſt un affreux poiſon !
Il gangrene le cœur & trouble la raiſon ,
Conrade oſe entreprendre un honteux ſacrifice ;
En le diſſimulant , je ferois ſon complice ,
Je veux donc qu'Abaillard par mes ſoins averti ,
Soit de ce qu'on médi e en ſecret éclairci.
On trouve peu de gloire à ſervir ce qu'on aime ,
Il faut faire du bien à ſes ennemis même,

Fin du troiſiéme Acte.

ACTE IV.

SCENE PREMIERE.

ABAILLARD, HELOISE.

HÉLOISE.

Vous êtes entourés de monſtres & d'ingrats ;
Il faut vous arracher à ces triſtes climats.
L'inflexible Conrade a juré votre perte ;
Albert de ſes projets a fait la découverte,
Et par nobleſſe d'ame il m'a fait avertir
Qu'il falloit ſans éclat nous réſoudre à partir.

ABAILLARD.

On m'a donné déjà de pareilles allarmes
Et je ne marche point ſans être muni d'armes.
Le dépôt de ma vie eſt moins à moi qu'à vous ,
Et de la conſerver on me verra jaloux :
Dans le ſein de l'amour j'ai puiſé le courage
Qui de mes ennemis affrontera la rage
Les armes à la main je ſçaurai les braver ,
Et défendre le bien dont on veut me priver.

HÉLOISE.

Je n'envifage point avec indifférence
Les maux que contre vous prépare l'arrogance,
Je crains la trahifon & les affaffinats,
Que font à prix d'argent de lâches fcélérats.
Un noir preffentiment dans la douleur me plonge,
Je tremble jour & nuit ; vous m'effrayez en fonge
Et mon œil affligé par de triftes tableaux
Vous voit environné de fer & de bourreaux.

ABAILLARD.

Ne vous occupez pas d'un frivole preftige ;
Mais prenons le parti que la prudence exige.
Je préfère une honnete & fûre obfcurité
Au tumulte effrayant de la célébrité,
Nous pouvons en Bretagne aller faire un voyage,
Le public eft inftruit de notre mariage.
Et malgré le fecret qui nous étoit promis,
Fulbert l'a divulgué parmi mes ennemis.

HÉLOISE.

Eh bien, éloignons nous d'un féjour où l'envie
Ne peut qu'empoifonner le cours de notre vie :
Allons par préférence habiter les foréts,
Où nous ferons régner l'innocence & la paix.
Pour deux cœurs bien unis le plus charmant azile
Eft celui qui procure un fort libre & tranquile.
Le monde eft plein d'horreurs, je fçaurai l'oublier,
Et vous ferés pour moi l'Univers tout entier.

ABAILLARD.

Ah ! ma chere Héloïfe, une vive tendreffe
Des époux malheureux doit faire la richeffe ;
Le fardeau des malheurs me paroîtra plus doux,
Si fans vous affliger, je le porte avec vous.

HÉLOISE.

HÉLOISE.

Montrons-nous courageux, faisons tête à l'orage,
Ne nous contraignons plus fur notre mariage :
Chaque jour il transpire, eh bien, déclarons nous!
Et fervons de modèle aux plus tendres époux.
L'on nous justifiera ; mais Conrade s'avance
La fureur le transporte, évitez fa préfence.

(Il fort.)

SCENE II.

CONRADE, HELOISE.

CONRADE.

Osés-vous donc encor vous montrer à mes yeux?
Vous qui fans refpecter le fang de vos ayeux,
Répondés à l'ardeur d'un corrupteur infâme,
Vous fûtes fa maitreffe & vous êtes fa femme,
Un aveugle tranfport vous a fait oublier
Que vous deviez choifir un illuftre guerrier.

HÉLOISE.

L'amour, de fes fujets rapproche la diftance ;
Tout eft également foumis à fa puiffance ;
Sans confulter les rangs, le bien ou la grandeur,
C'eft dans l'objet aimé qu'il place le bonheur.
J'ai fuivi les leçons d'un guide fi fidèle,
Il couronne aujourd'hui la flamme la plus belle.
Dans l'époux qui m'adore on voit fe réunir
La nobleffe & l'efprit, je n'ai point à rougir.

E

CONRADE.

Je fais que de l'école on le croit la lumiere,
Mais malgré ses talents il vit dans la pouſſiere,
Nos ayeux ne ſavoient dans l'honneur des combats
Que défendre l'Etat & ſignaler leur bras.

HÉLOISE.

Un chemin différent mène à la renommée,
La gloire d'un Etat n'eſt pas toute à l'armée,
L'étude, les talents, l'eſprit & les beaux arts
Ont immortaliſé l'Empire des Céſars.

CONRADE.

C'eſt par ce préjugé gravé dans votre tête,
Qu'Abaillard baſſement vous rendit ſa conquête;
Mais je ne veux jamais l'avouer pour parent,
Ma haine & ma fureur aſſurent ſon tourment.

HÉLOISE.

Je comptois obtenir de vous plus d'indulgence
Du généreux Fulbert imitez la clémence,
Il fait grace à l'amour, en faveur d'un ami.

CONRADE.

Je ne pardonne point lorſque je ſuis trahi.
Le barbare à nos yeux a voulu vous fouſtraire,
Vous étiés vertueuſe, il vous a rendu mère,
Son hymen, de la haine allume le flambeau,
Et je le pourſuivrai juſques dans le tombeau.

HÉLOISE.

Dans ma juſte douleur ſi vous trouvés des charmes,
Si vous prenés plaiſir à voir couler mes larmes,
Vous pouvés immoler l'époux le plus cheri;
Mais daignez par pitié me réunir à lui.

CONRADE.

Par cet excès d'amour vous m'irrités encore,
Plus votre cœur l'invoque & plus le mien l'abhorre;
Le nœud dont l'imprudence a voulu vous lier,
A sa punition doit vous associer,
Votre cœur perverti s'est rendu son complice,
Vous serés le témoin & l'objet du supplice,
Et dans le désespoir, vous maudirés le jour
Qui vous a rassemblés sous les loix de l'amour.

HÉLOISE.

Eh bien, tigre alteré, puisque rien ne te touche,
Cède aux emportements de ton ame farouche,
Consomme tes forfaits, l'amour & le courroux,
Fortifieront mon bras pour sauver mon époux.
Par le courage & l'art réparant ma foiblesse,
J'armerai contre toi ma force ou mon adresse,
Et si par mon trépas tu peux me prévenir,
Tu reverras mon ombre ardente à te punir.

[Elle sort.)

CONRADE.

La crainte du danger soulève son audace,
Et je dois sans effroi mépriser sa menace,
Frédéric doit se rendre ici pour concerter
Les projets que je veux lui faire exécuter.

E ij

SCENE III.

FRÉDERIC, CONRADE.

CONRADE.

AH ! c'eſt toi, viens répondre à mon impatience,
Je veux t'entretenir dans la nuit du ſilence.
Ton zèle a mérité de ma part, des bienfaits,
Et la ſource pour toi n'en tarira jamais.
Je me confie à toi : par des moyens étranges,
Du perfide Abaillard il faut que tu me venges.
Il captive Héloïſe, il eſt ſon raviſſeur,
Et ſur tous ſes parents il verſe un deshonneur ;
La vengeance au forfait doit être meſurée,
Il faut de leur amour terminer la durée ;
Que mort dès ſon vivant il ſente les dédains,
Et ſoit réputé nul, au milieu des humains,
Qu'il paroiſſe encor homme & qu'il ceſſe de l'être.

FRÉDÉRIC.

Je rougis de trahir un ſi généreux Maître.

CONRADE.

Tu me l'avois promis, ta fortune en dépend.

FRÉDÉRIC.

Je le promets encor & vous ſerés content,
Pour ne rien hazarder mes meſures ſont juſtes ;
Je me ſuis aſſuré de quatre agents robuſtes,
Et ſurpris dès ce ſoir dans ſon appartement,
Abaillard connoîtra l'anéantiſſement.

CONRADE.

Tu dois être afsuré de ma reconnoifsance.

FRÉDÉRIC.

J'ai par des foins divers capté fa confiance.
Il s'endort dans le fein de la fécurité,
Et nous le faifirons avec facilité.

CONRADE.

Qu'entre-nous le fecret demeure impénétrable;
Et qu'on ne fçache pas quel eft le vrai coupable;

FRÉDÉRIC.

Vous ne pouvés douter de ma fidélité,
Elle eft le fûr garant de notre fûreté.

CONRADE.

Dérobes-toi fur-tout par une prompte fuite,
Si l'on nous menaçoit de la moindre pourfuite.

FRÉDÉRIC.

Le plus cher de mes foins eft de vous obéir,
La nuit déjà s'avance & je vais vous fervir.

SCENE IV.

CONRADE, FULBERT.

FULBERT, *à part*.

JE crois voir Frédéric ; mon ame en eft émue ;
Que peut-on augurer d'une telle entrevue !
Conrade s'avilit , puifqu'il n'ignore pas
Que ce valet eft fourbe , & qu'il a le cœur bas.

CONRADE.

'Abaillard enivré d'orgueil & de tendreſſe
'Affecte ouvertement un ſang-froid qui me bleſſe ;
Doit-on le ménager quand il ſe compromet ?
Son mariage éclate & n'eſt plus un ſecret.
Des ſujets qu'il inſtruit la nombreuſe cohorte,
Pour le féliciter vient aſſiéger ſa porte ;
Mais ce concours zèlé le trouve criminel,
Quand du lit conjugal il ſe porte à l'Autel.

FULBERT.

Je conviens avec vous qu'il fait une indécence,
C'eſt un aſſortiment dont la vertu s'offence,
A des devoirs ſacrés c'eſt avoir renoncé,
Que de ſuivre un état tout à fait oppoſé.

CONRADE.

Ils en feront punis, la vengeance s'apprête,
Et l'orage imprévu va fondre ſur leur tête :
De mes juſtes projets on ne doit être inſtruit,
Que quand leur nœud fatal ſe trouvera détruit.

FULBERT.

N'armez pas contre vous le bras de la Juſtice,
Je ne ſouffrirai pas que mon ami périſſe,
Et s'il a le malheur d'expirer ſous vos coups ;
Je ſerai pour jamais indigné contre vous.
La nobleſſe de l'ame exige qu'on pardonne,
Et la religion expreſſément l'ordonne,
L'on ſe courouce en vain lorſque le mal eſt fait,
La réparation n'en détruit pas l'effet.

CONRADE.

Le bien public s'oppoſe à vos foibles maximes,
Le produit en ſeroit d'authoriſer les crimes,
Il faut les réprimer avec ſéverité,
Ce ſiſtême eſt l'appui de la ſociété.

FULBERT.

Ne vous abusez pas, la grandeur du courage,
Est de se posséder & de dompter sa rage.

CONRADE.

Un Ministre des cieux doit être patient,
Et se faire un honneur de paroître indulgent ;
Un Soldat qu'on outrage, efface son offence,
Et veut que le pardon marche après la vengeance :
Vous aimés Abaillard, vous protégés ses jours,
Et mon dessein n'est pas d'en abreger le cours ;
Sans lui donner la mort je veux qu'il se souvienne,
D'avoir voulu ternir votre gloire & la mienne.
Albert est mon ami, je le crois offencé,
Faut-il qu'impunément un ingrat l'ait blessé ?
Vous pouvés faire grace à des flâmes impures,
Et prêcher hautement le pardon des injures.
Pour moi moins charitable ou plus impétueux,
Je suis les mouvements de mon cœur courageux.
Qu'il vive & qu'il en soit plus long-temps misérable,
J'etoufferai les feux qui l'ont rendu coupable,
Il vivra pour se voir des hommes retranché,
Languir dans le mépris comme un tronc desséché :
Fantastique mari, sans espoir d'etre père,
L'amour qui leur fut cher causera leur misère.
Cet amour dont ils ont captivé la faveur,
Va devenir pour eux, la source du malheur,
Et tous deux embrasés d'une flâme stérile,
Ils prendront pour l'éteindre une peine inutile.

FULBERT.

Vous me faites horreur par tant de cruauté,
Osés-vous à ce point blesser l'humanité ?

E iv

CONRADE.

Je ne fuis point touché des foibles entreprifes ,
Quoique vous m'objectiés , mes mefures font prifes ;
Et j'efpere me voir avant la fin du jour,
Vengé de deux amants & d'un indigne amour.

(Il fort.)

FULBERT.

Rien ne peut temperer la fougueufe jeuneffe !
On lui prodigue en vain des leçons de fageffe ,
Le cœur quand il eft bon en reffent tout le prix ,
Mais un efprit léger en enleve les fruits.

SCENE V.

HÉLOISE, FULBERT.

HÉLOISE.

SOuffrez pour mon époux que ma voix vous
  implore,
Il étoit votre ami , je crois qu'il l'eft encore,
Des monftres furieux veulent me l'arracher ,
Et jufqu'en fa maifon ils ofent le chercher,
La haîne le pourfuit , les périls l'environnent,
Et fes propres amis eux mémes l'abandonnent.
Par ordre de Conrade on obferve fes pas ,
Et de fes affaffins on excite le bras ;
Comment fouffrirés vous que de vils émiffaires
Exercent contre nous leurs fureurs mercénaires ?
Votre état , vos vertus vous impofent la loi ,
De fauver un ami qui périroit pour moi,

FULBERT.

Conrade furieux craint peu de me déplaire,
Il s'abandonne au feu d'une aveugle colère :
J'ai remis fous fes yeux la nature & les loix,
De fa paffion feule il écoute la voix.

HÉLOISE.

Il faudra donc périr fans que votre prudence,
Daigne nous arracher des mains de l'impudence !

FULBERT.

Si j'ofois vous offrir un azile en ces lieux,
Votre perfécuteur vous auroit fous les yeux
Et fa brutalité de plus en plus accrue,
Pouroit fans nul refpect vous frapper à ma vue,
Je ne prévoyois pas que ma tendre amitié,
Dût quelque jour pour vous fe changer en pitié.
Aux malheurs que je crains fongez à vous fouftraire;
La Bretagne vous offre une terre étrangere ;
Le repos vous attend dans cet heureux féjour,
Le temps vous inftruira des moments du retour.

HÉLOISE.

Qui nous affurera qu'une haine alterée,
Ne nous pourfuivra pas de contrée en contrée ?

FULBERT.

Il faut céder au temps ; pour calmer les fureurs,
L'abfence eft un reméde elle amollit les cœurs.

HÉLOISE.

Je fuis prête à partir fi mon époux l'ordonne,
Et je chéris les droits qu'il a fur ma perfonne.

FULBERT.

Approchez, Abaillard, & venez décider,
En quel autre pays vous voulés réfider.

SCENE VI.

ABAILLARD, HELOISE, FULBERT.

HÉLOISE.

PRONONCEZ cher époux, je suis prête à vous suivre.
Si je ne vous vois plus m'est-il permis de vivre !
Si nous devons ensemble habiter des déserts,
J'y verrai rassemblés tous les charmes divers,
Et de mon infortune oubliant l'amertume,
Je vivrai pour nourrir l'ardeur qui me consume.

ABAILLARD.

En voyant vos appas, vos graces, vos vertus,
De mon malheureux sort je ne m'occupe plus,
Si l'on nous force à fuir par une injuste guerre
Je n'en verrai pas moins l'ornement de la terre.

FULBERT.

Il faut vous arracher aux vœux de tout Paris,
On vous aime, on vous fête & d'illustres amis,
Elèvent votre nom au comble de la gloire,
Mais des talents vantés, un nombreux auditoire,
Ne vous sauveront pas du perfide attentat,
Que trame contre vous un obscur scélérat.
Justement allarmés nous pensons qu'un voyage,
Est l'unique moyen pour conjurer l'orage.
Quittez sans balancer ces barbares climats,
Et que l'envie ignore où vous portés vos pas.

ABAILLARD.

Dût-elle parvenir à me réduire en poudre,
A m'éloigner de vous, je ne puis me résoudre,
Les assauts que j'attends sont des maux passagers,
Vaut-il mieux exposer Héloïse aux dangers

De traîner fous mes yeux une vie importune,
En partageant le poids de ma trifte fortune
La mort eft felon moi cent fois à preférer,
Je l'attends fans frémir.

HÉLOISE.

              Daignez confiderer,
Qu'Abaillard ne fauroit abandonner fa place,
Sans que fes ennemis redoublent leur audace.

ABAILLARD,

La jeuneffe empreffée à fuivre mes leçons,
En mépris outrageants changera fes foupçons,
Je rifque en m'abfentant d'en devenir la fable :
Exerçant auprès d'elle, un emploi refpectable,
Je garde ma prébende, & s'il faut la quitter,
Je m'ote un des moyens qui me font fubfifter :
Ainfi mon propre honneur, mon bien, mon exiftence
Exigent qu'à Paris je demeure en filence.

FULBERT.

Craignez de regretter & peut-être trop tard,
D'avoir tant différé le moment du départ,
Cherchez à vous fixer au parti le plus fage,
Je vais tenter encor de diffiper l'orage.　　　*(Il fort.)*

SCENE VII.

ABAILLARD, HELOISE.

ABAILLARD.

POUROIS-je me réfoudre à quitter un féjour,
Où je fuis arrété par la gloire & l'amour !

HÉLOISE.

Non, vous ne pouvés pas vivre dans la retraite,
Votre état vous expofe aux dangers qu'on projette,

Mais si vos auditeurs veulent vous escorter,
La force contre vous n'osera rien tenter.

ABAILLARD.

Je leur imposerois une dure contrainte.
C'est s'avouer vaincu que d'afficher la crainte.
Je n'en serois pas mieux ; la lâche trahison,
Sait quand le fer lui manque employer le poison.

HÉLOÏSE.

Je crains fort qu'avec nous Fulbert ne dissimule,
Il sait ce qu'on médite & se fait un scrupule,
D'éclairer nos esprits par un sincère aveu,
Et de sauver sa niéce en perdant son neveu.

ABAILLARD.

Le soupçonneriez vous de tant de perfidie,
Voudroit-il s'avilir sur la fin de sa vie ?
Connoître un attentat & ne pas le parer,
C'est s'en rendre complice & se deshonorer.

HÉLOÏSE.

Mon âme à ce sujet ne peut être tranquile,
Il devoit à Conrade interdire un asyle,
Il devoit s'élever avec authorité,
Contre un projet qu'il sait être prémédité ;
Ce soupçon hazardé peut être une foiblesse,
Quand on a tout à craindre, on s'allarme sans cesse ;
Mais il est tard, allez dans les bras du repos,
Chercher un lénitif pour temperer vos maux.
Je vais joindre Fulbert ; s'il est vrai qu'il nous aime,
A conserver nos jours il veillera lui même.

Fin du quatrième Acte.

ACTE V.

SCENE PREMIERE.

FULBERT, *seul.*

L'INTRAITABLE Conrade a paru refléchir,
Il m'a fait entrevoir l'ombre du repentir :
Mais dois-je m'appuyer fur de vagues promeffes ?
C'eft un voile impofteur pour couvrir fes baffeffes ;
Son caractere eft dur & ne revient jamais,
Quoi qu'on lui faffe voir le faux de fes projets.
Si j'en crois fes difcours c'eft notre honneur qu'il
      venge ,
Et je dois approuver fa violence étrange ;
Un intérêt commun devroit me joindre à lui ,
Et la famille en moi , doit trouver un appui,
Il m'a dit le forfait qu'en fecret il médite,
Et pour notre repos j'en redoute la fuite,
La trop tendre Héloïfe en proye à fes douleurs ,
Près d'un fils malheureux languira dans les pleurs.
A des jours plus fereins elle étoit deftinée ,
De fes dons prétieux le ciel l'avoit ornée,
Faut-il que la beauté, la vertu , les talents ,
Soient pour elle aujourd'hui la fource des tourments!

J'en avois fait l'objet de ma vive tendreſſe,
Son mérite flatoit l'eſpoir de ma vieilleſſe ,
Et j'oſois eſpérer que pour prix de mes ſoins,
Son cœur reconnoiſſant préviendroit mes beſoins,
Cette douce eſpérance eſt la vaine chimère,
Dont s'abuſe ſouvent la tendreſſe d'un père ;
Il ne me reſte plus dans l'etat où je ſuis,
Qu'à languir ſolitaire & conſumé d'ennuis ,
La diſcorde déjà lance des étincelles,
Dont l'éclat nous prépare à des peines mortelles.

SCENE II.

RANULPHE, FULBERT.

RANULPHE.

AH quel excès d'horreur, quel complot effrayant,
Apprenez qu'Abaillard eſt noyé dans ſon ſang,
FULBERT.
Que viens tu m'annoncer ?
RANULPHE.
                        Un trait de barbarie ,
Qui couvre ſon auteur d'une juſte infamie,
J'en ſuis ſaiſi d'horreur , jamais l'humanité,
Ne ſe deshonora par plus d'indignité,
Conrade poſſédé d'une infernale rage,
Menaçoit Abaillard du plus cruel outrage ,
Et pour faciliter ſon indigne forfait,
Il avoit par argent corrompu ſon valet ,

Trois affassins guidés par leur fureur impie,
Devoient également seconder sa furie,
L'on devoit attaquer Abaillard dans son lit,
Et couvrir l'attentat des ombres de la nuit.
Frédéric disposoit seul, des clefs de la porte,
Il ouvre la maison à l'indigne cohorte,
Il la fait pénétrer jusqu'à l'appartement,
Où le triste Abaillard dormoit profondément.
Il s'éveille en sursaut, ses sens troublés frémissent;
Quatre des furieux brusquement le saisissent.
Tandis qu'un des bourreaux armé d'un fer tranchant,
Imprime sur son corps l'affront le plus sanglant.
Malgré ses cris perçants & sa douleur extrême,
Il se voit à l'instant séparé de lui même,
Il invoque la mort & baigné dans son sang
Il gémit de n'avoir qu'un courroux impuissant.
Tout Paris en allarme implore la justice,
On demande hautement que Conrade périsse.
Les amis d'Abaillard, ses zélés auditeurs,
Signalent leur dépit par des cris, par des pleurs;
Et chacun est plongé dans la douleur amère,
Comme si la Patrie avoit perdu son père.

FULBERT.

D'un tel excès d'horreur je reste confondu !
Quel spectacle effrayant, hélas! j'ai trop vécu.

RANULPHE.

A son aveuglement le peuple s'abandonne,
Il déteste Conrade & même il vous soupçonne.
Vous étes accusé d'avoir favorisé
Un complot revoltant, sans l'avoir dénoncé.
Abaillard gémira qu'une épouse fidélle,
Soit par lui, malheureuse & de l'être par elle;

Leur souffrance naîtra du sein de leur ardeur,
Un amour sans espoir se transforme en fureur.

FULBERT.

J'ignorois que Conrade eut une ame assez dure
Pour oser à ce point outrager la nature.
Dans mon accablement je ne sais où j'en suis,
Laisses-moi, je deviens l'opprobre de Paris.

(Ranulphe sort)

Mais je vois accourir Héloïse éperdue !
Oserai-je l'entendre & soutenir sa vue.

SCENE III.

HELOISE, FULBERT.

HÉLOISE.

Serés-vous insensible à ces larmes de sang,
Que la douleur arrache à mon cœur palpitant ?
J'ai perdu mon époux, la mort est préférable,
A l'affront signalé dont le crime l'accable,
Un monstre furieux déchaîné des enfers,
Par son atrocité fait rougir l'Univers.

FULBERT.

De votre emportement je sais la juste cause,
Contre un crime inoui la nature dépose,
Conrade est seul coupable & même je consens
Qu'on lui fasse éprouver les plus affreux tourments.

HÉLOISE.

Ne falloit-il pas faire échouer l'entreprise ?
Vous auriés du veiller sur l'époux d'Héloïse,

Et

Et livrer l'affaffin fi vous ne pouviez pas ,
Par votre authorité lui défarmer le bras.
Pour détourner les maux la timide innocence ,
Ne fait pas fe borner au ftérile filence ,
Vous faviez le projet de le mettre au tombeau ,
Et vous l'avez caché , vous êtes fon boureau.
Je refpecte vos ans , mais j'en attends juftice ,
Et je veux que fans moi le remords vous puniffe ;
Abaillard eft réduit dans un funefte état ,
Qui fera pour jamais honte à ce fiécle ingrat.
L'amour , le tendre amour qui faifoit nos délices ,
Va devenir pour nous la fource des fupplices ,
Je n'oferai le voir , lui parler fans rougir ,
Ni prononcer fon nom fans pouffer un foupir.
Nos cœurs étoient unis , une forme légale ,
Faifoit couler nos jours fans trouble , fans fcandale ;
Mais j'ai caufé fes maux , je vais les partager ,
Et nul autre que lui ne peut les foulager.

FULBERT.

Du plus vif défefpoir je fens mon ame atteinte ,
Le malheur que j'éprouve a furpaffé ma crainte ,
Je ne préfumois pas que Conrade irrité ,
Dût au dernier excès porter la cruauté ,
La fureur concentrée au fonds d'un cœur fenfible ,
Rend tout ce qui l'entoure ardent & combuftible ;
Le volcan fe fait jour & s'exhale en éclats ,
Sans qu'on puiffe arrêter fa force & fon fracas.

HÉLOISE.

On m'arrache un époux qui faifoit ma richeffe ,
Je veux pour m'en venger redoubler ma tendreffe ;
On aime les vivants pour gouter le plaifir ,
Le commerce des morts bornera mon defir ,

F

Vous vous êtes vengés , par un crime inutile.
Un amour vertueux vit quoi qu'on le mutile,
J'avois dans Abaillard mis ma félicité ,
Et si son cœur m'adore on ne m'a rien ôté.
L'amante purement sensible a ce qu'elle aime,
Sépare de l'amant ce qui n'est pas lui même ,
Et malgré des affronts qu'on ne peut réparer ,
Je dois plaindre Abaillard , l'aimer & l'admirer.

FULBERT.

Ne nous arrêtons plus , après ce coup funeste ,
L'espoir de la vengeance est le seul qui nous reste ,
Mais si nous implorons les armes de la loi ,
C'est flétrir notre honneur & me venger sur moi.

(Il sort)

SCENE IV.

HELOISE, *seule.*

J'AIMOIS , j'étois aimée , & la main d'un perfide ;
Porte sur mon époux un acier homicide !
Le nœud qui nous unit loin d'en être alteré ,
Par l'union des cœurs doit être resserré ,
Dans l'accord le plus pur si l'on se deshonore ,
Mon cœur & mon esprit sont criminels encore.
Je n'ai pu le sauver du fer d'un assassin ,
J'aurois forcé son bras à me percer le sein.
L'amour prête aux amants sa force & son courage ,
Il auroit secondé les efforts de ma rage ,
En m'offrant les moyens d'embrasser Abaillard ,
Il auroit de mon corps su lui faire un rempart ,

J'aurois déchiré ceux qui vouloient le furprendre,
Par mes pleurs, par mes cris, j'aurois pu le défendre,
Une main facrilége a réduit au néant,
L'époux le plus chéri, le plus fidele amant,
Mais l'amour vit encore & malgré l'avanie,
Il comblera toujours le charme de ma vie,
Je te perds cher époux, ton cœur doit me hair,
Mais je faurai du moins te venger & périr.
Je ne me connois plus, ma fureur eft extrême,
Armons pour la fervir la terre & le ciel même,
Non c'eft un noir tranfport qui tend à m'égarer,
Grand Dieu, calmes mes fens & daignes m'éclairer,
Fais luire à mon efprit un rayon de lumiere,
Et rends-moi les faveurs de ta grace premiere.

SCENE V.

ABAILLARD, HELOISE.
HÉLOISE.

Quelle furprife, hélas! cher Abaillard, c'eft
vous.
ABAILLARD.
Je pleure en vous offrant l'ombre de votre époux.
J'ai perdu, fous l'effort d'une main fanguinaire,
Le doux titre d'amant & le droit d'être pere.
Vous n'avés que vingt ans, je meurs, & je permets
Qu'un époux plus heureux recueille vos attraits.
HÉLOISE.
D'un amour malheureux vous êtes la victime;
Ma tendreffe pour vous eft la fource du crime,

Aimons-nous encor plus, & prouvons aux jaloux
Que les rapports de l'ame ont feuls des droits fur nous.

ABAILLARD.

Banniffez tout efpoir de rechauffer ma cendre;
Devois-je en m'éteignant conferver un cœur tendre?
Une plante ftérile, un flambeau fans clarté,
Doit être rejetté de la fociété.
Notre amour mutuel, funefte l'un à l'autre,
Exciteroit mon feu fans éteindre le vôtre;
Vous n'aurés un époux que pour vous affliger,
Et vous n'embrafferés qu'un fantôme leger.

HÉLOISE.

Non, mon cœur accablé de votre état horrible
Pour nul autre que vous ne peut être fenfible.
Et quand j'exifterois dans le fond des déferts,
J'y vivrois pour vous feul, j'y traînerois vos fers.

ABAILLARD.

L'infortune m'a fait une trace profonde,
Je dois pour mon honneur la dérober au monde;
Engagé par des vœux j'endurcirai mon cœur,
Je pourrai vous aimer comme on aime une fœur,
Le fentiment combat, j'oferai le contraindre;
Mais une paffion refte long-temps à craindre.
Je tremble pourfuivi de regrets criminels
De faire un facrifice odieux aux Autels,
De ma mémoire en vain vous croirois-je effacée,
Je vous retrouverai toujours dans ma penfée!
Défarmé par la haine, inutile à l'amour,
Je ne pourrai jamais le bannir fans retour,
Au flambeau de l'amour ma flâme rechauffée
Ne feroit pour ce Dieu qu'un ftérile trophée,

Nous le fatiguerions par des vœux imparfaits,
Ses feux nous brûleroient sans s'éteindre jamais,
S'il s'applaudit encor de voir nos cœurs fideles,
Ce sera pour jetter de foibles étincelles.

HÉLOISE.

Notre flâme épurée aura pour aliment
Les délices de l'ame & le pur sentiment.

ABAILLARD.

Je me reprocherai tristement ma foiblesse,
Et de mon souvenir je ferai ma maitresse.

HÉLOISE.

Entre un couvent & vous mon cœur est combattu,
L'horreur du crime doit nous rendre à la vertu.
Notre amour clandestin blessoit l'être suprême,
Faisons pour l'appaiser un retour sur nous-même.
Et songeons par la grace à nous purifier,
En travaillant l'un l'autre à nous édifier.
Vous devîntes mon maître à l'école du vice,
Pour servir la vertu qu'un même zèle agisse,
En m'arrachant à vous je fais un brusque effort;
Mais si je combattois vous seriez le plus fort.

ABAILLARD.

J'admire vos projets, moi même je m'y livre,
Je brillois dans Paris, je n'ose plus y vivre,
Mais j'aurai la douleur de n'avoir commencé,
Que par un holocauste imparfait & forcé.

HÉLOISE.

Ne changeons point de cœur, mais d'objet de ten-
      dresse,
Je serai votre sœur, j'étois votre maitresse,
Mais mon zèle nouveau ne peut se soutenir,
S'il faut que je renonce à votre souvenir.

Se peut-il qu'en prenant l'habit de pénitence,
On en prenne auffi-tôt l'efprit & l'innocence !
L'on ne mérite pas d'être époufe d'un Dieu,
Quand par un autre amour on dégrade fon vœu.
Fortifiez moi donc & dans notre cariere,
N'ofons plus lâchement regarder en arriere,
Ne portons aux autels de la pudicité,
Que des cœurs dégagés de toute impureté,
Cèdons à la vertu dont la voix nous appelle,
Quand vous la montrerez, elle en fera plus belle,
Dirigez vers les cieux mes mœurs, mes fentiments
Et changeons le motif de nos engagements.

ABAILLARD.

Nos feux feront couverts d'une flâme trompeufe,
Et pour les étouffer vous ferez malheureufe,
L'efprit doit fe combattre & peut être dompté,
Par notre folitude & par l'aufterité.
Nous ne nous verrons plus, le temps feul & l'abfence,
Font néceffairement naître l'indifférence,
Et le ciel défarmé par les pleurs des mortels,
Leur donne des fecours même furnaturels.

HÉLOISE.

La vertu, la raifon exigent notre hommage,
Tâchons que du dépit ce ne foit pas l'ouvrage ;
Les plaifirs défendus ont des retours amers,
Dès que le fouvenir nous les rend encor chers,
Je comptois avec vous m'engager pour la vie,
Et vous régnés encor fur mon ame ravie,
Contrainte fous la haire & fous les cadenats,
Je veux vous oublier, mais je n'en réponds pas.

ABAILLARD.

N'irritez pas le ciel par trop de défiance,
Il verse dans les cœurs une heureuse influence,
C'est inutilement qu'on s'arrache au péché,
Quand à l'objet chéri l'on demeure attaché.

HÉLOISE.

Guidez ma piété qui ne fait que de naître,
Pour se fortifier elle a besoin d'un maître,
Si vos conseils mondains ont pu m'assujettir,
Par des avis plus purs vous saurés me guérir.

ABAILLARD.

Quoi que trop rassuré par mon insuffisance,
Je sens tout le danger de la correspondance,
Le ciel de tous liens veut qu'on soit dégagé,
Et rejette le cœur quand il est partagé.

HÉLOISE.

Vous serés mon appui, mon déffenseur, mon guide,
Vos lettres, vos traités me serviront d'égide,
Et nos cœurs échauffés par un commun accord,
N'adresseront qu'au ciel un innocent transport.

ABAILLARD.

L'hospice d'Argenteuil vous offre une retraite ;
Qu'à vous y présenter la vertu vous soumette,
Dès qu'en religion vous aurés pris des nœuds,
Je suivrai votre exemple & je ferai mes vœux.
Votre salut sera ma principale affaire,
Je vous dois pour bien vivre offrir mon ministere
Le crime qui tous deux nous avoit égaré,
Par nous conjointement doit-être réparé.

HÉLOISE.

Pourrai-je foutenir dans une folitude ,
Le poids de votre abfence & de l'inquiétude !

ABAILLARD.

Le ciel eft bienfaifant , il terraffe les forts ,
Mais il aide le foible & foutient fes efforts.
Au deffus de Nogent fur les bords de la Seine ,
Auprès d'une Forêt je pofféde un Domaine ,
J'ai deffein d'y fonder une communauté ,
Que vous édifirez par votre pureté.
Sous un Dieu tout puiffant humiliant vos têtes ,
Vous fervirés d'exemple à de faintes conquétes ,
Le ciel y répandra fes graces , fes bienfaits ,
Et l'efprit faint lui même hâtera vos progrès.
Pénétres-la , Grand Dieu , d'une célefte flâme ,
Le feu de ton amour épurera fon âme ,
Et la dégagera des terreftres liens
Dont le poids a caufé fes malheurs & les miens.

HÉLOISE.

Vous fixés mon état , votre augure m'éclaire ,
Et j'attendrai d'en haut le fecours néceffaire.

SCENE VI.

Les Acteurs précedents , ALBERT.

ALBERT.

LE crime vous réduit au comble du malheur ,
Et j'en fuis pénétré de la plus jufte horreur ,
Jufques dans un rival j'honore le mérite ,
Je rougis d'un forfait dont tout Paris s'irrite ,

Et

Et par égards pour vous je voulois prévenir,
L'éffroyable noirceur qu'on s'appréte a punir.

HÉLOISE.

L'amour propre eſt flatté qu'on venge ſon outrage,
Mais la punition ne fait rien au dommage.
On ne peut employer trop de ſévérité,
Pour frapper la baſſeſſe & l'inhumanité.

ALBERT.

Le barbare Conrade a déjà par la fuite,
Trompé des ſurveillants les yeux & la pourſuite,
Proſcrit dans le Royaume éfrayé du danger,
Il eſt allé chercher la mort chez l'étranger,
Le cruel Frédéric & ſes lâches complices,
Seront bientôt livrés aux plus honteux ſupplices;
On les tient dans les fers & leur punition,
Eſt au moins de ſubir la loi du Talion,
Votre oncle ſoupçonné d'avoir ſu l'entreprise;
Doit voir ſes biens acquis au profit de l'égliſe.

HÉLOISE.

La juſtice va donc combler mon deshonneur!
Ma famille devient l'objet de ſa rigueur,
Je perds un tendre époux & ma gloire eſt flétrie;
Allons offrir à Dieu le reſte de ma vie.

(Elle ſort.)

ALBERT.

Redoutons les effets d'un ſi vif déſeſpoir.

ABAILLARD.

Elle renonce au monde, elle fait ſon devoir,
Sans parents, ſans appui voulez vous qu'elle vive,
Pour ne voir d'un époux qu'une image fictive ?

G

Quand on a tout perdu l'on craint peu le trépas,
Et je vais m'apprêter à marcher sur ses pas.

ALBERT.

Voulez vous donc ôter une lumiere au monde,
C'est sur vous qu'à Paris la science se fonde?

ABAILLARD.

Le savoir est souvent la source de nos maux,
Il a peine à trouver les douceurs du repos.

ALBERT.

Je gémis avec vous & mon ame est blessée,
De voir votre vertu si mal récompensée,
Vos talents méritoient un siècle plus heureux;
Au rapport des méchants l'esprit est dangereux,
Ce sont les faux discours dont l'envie & la rage,
Se servent pour frapper ceux qui leur font ombrage;
Je vais voir nos amis & tenter les moyens,
D'arracher Héloïse à de facheux liens.

ABAILLARD.

J'ai prévenu son cœur & si la grace opère,
Il sera pénétré d'un repentir sincère:
Sur ses égaremens se juger, méditer,
Et se voir tel qu'on est, c'est l'art d'en profiter.
Une femme souvent nous efface en courage,
Le vice ou la vertu dont elle fait usage
Au gré de ses dèsirs décident notre sort,
Nous trouvons auprès d'elle ou la vie ou la mort.

SCENE VII & derniere.

RANULPHE, ABAILLARD.

RANULPHE.

Héloïse à l'inftant à nos yeux s'eft fouftraite,
Et nous laiffe ignorer le lieu de fa retraite,
Elle fe commandoit, & d'un front affuré
Sans répandre des pleurs elle a tout préparé,
Il faut, m'a-t'elle dit que je ceffe de vivre,
Avertis Abaillard qu'il eft temps de me fuivre,
J'ai fait pour l'arréter un effort fuperflu,
Je voulois l'obferver, mais elle a difparu.

ABAILLARD.

Femme digne des cieux, ta vertu, ta conftance,
M'affurent dans le bien de ta perféverance.
Enflâmes-là, Seigneur, de ton amour divin,
Pour voler jufqu'à toi traces-lui le chemin,
Oui, je veux l'imiter, par le plus digne exemple,
Du Dieu qui nous éclaire elle ornera le Temple.
On nous plaindra tous deux & le même tombeau
Sera de nos amours le funébre tableau.
Pourrois-tu balancer, homme pufillanime !
Tu n'as pas héfité pour l'entraîner au crime,
Partons, & méritons que les fenfibles cœurs
Sur nous & nos amours daignent verfer des pleurs.

FIN.

www.ingramcontent.com/pod-product-compliance
Lightning Source LLC
LaVergne TN
LVHW012217170726
843503LV00005B/2123

9 782329 729602